成为人生赢家的制胜宝典 专为年轻人打造的成长圣经

别输在不会表达上
赢在表达

BE IN GOOD WERBAL DESTERITY

良好的表达，是一切有效沟通的起点

出色的表达力，赢取成功

海波 编著

中国商业出版社

图书在版编目（CIP）数据

赢在表达 / 海波编著. -- 北京：中国商业出版社，2017.12

ISBN 978-7-5208-0092-1

Ⅰ.①赢… Ⅱ.①海… Ⅲ.①语言艺术—通俗读物 Ⅳ.① H019-49

中国版本图书馆 CIP 数据核字（2017）第 247698 号

责任编辑：常　松

中国商业出版社出版发行
010-63180647　www.c-cbook.com
（100053 北京广安门内报国寺 1 号）
新华书店经销
山东汇文印务有限公司
*
710×1000 毫米　16 开　14 印张　200 千字
2018 年 4 月第 1 版　2018 年 4 月第 1 次印刷
定价：38.00 元
* * * *
（如有印装质量问题可更换）

前　言

德国诗人海涅曾说："言语之力，大到可以从坟墓唤醒死人，可以把生者活埋，把侏儒变成巨无霸，把巨无霸彻底打垮。"良好的语言表达能力，是一个人一生中都受用不尽的宝贵资源。

我们在与人相处时，常常想给别人留下一个好印象，却可能因为一句不合时宜的话而弄巧成拙。同事间，想起什么就说什么，没有意识到自己的"口无遮拦"不知不觉已得罪人？日常生活中，怕说错话而招来别人的嘲笑，所以每次说话都要一再地思考，已经身心疲惫？其实，这些种种问题的出现，主要是因为你不懂说话，不会表达。不会表达的人处事总是战战兢兢，无法走进他人的心里，也就与完美交际没有了交集。

人类行为学家汤姆士说："说话的能力是成名的捷径。它能使人显赫，鹤立鸡群。能言善辩的人，往往被人尊敬，受人爱戴，得人拥护。它使一个人的才学充分拓展，熠熠生辉，事半功倍，业绩卓著。"他甚至断言："发生在成功人物身上的奇迹，一半是由口才创造的。"确实，一个人如果语言表达能力不足，他的能力就会被人低估。一个人即使思想如星星般光耀生辉，但若缺乏良好的谈吐能力，那么成功的机遇就会比其他人要少得多，也往往难以达到自己的理想目标。

口语表达能力已日渐渗透到生活的各个领域，它是表情达意、交

流思想、传播信息、实现沟通的重要工具；是寻求合作与发展、广交朋友、增进感情的宽广桥梁；是领导艺术、管理才能的重要组成部分……大家日常生活中的交往、家庭成员之间的沟通、职场上的相处、商场上的谈判等，都离不开它。

本书就是一本提高口才技巧的实用手册。通过善用赞美、说话到位、学会拒绝、学会倾听、和朋友交流、和恋人交流以及和陌生人打交道等角度系统地阐述了日常说话中需要的基本表达技巧，以及在不同场合中所使用的口才技巧。

本书内容涉及生活的方方面面，语言活泼，生动有趣，本书案例丰富，贴近生活。通过阅读和学习本书，相信读者们能够按部就班地从零知识开始，掌握说话的技巧和表达的艺术，拥有一流的口才，获得工作、生活、爱情的多丰收。

目录

第01章 用赞美表达善意：轻松拉近人与人之间的关系 ……… 1

赞美要有理有据，不要言过其实 ……………………………… 2
给予对方"雪中送炭"般的有效的赞美 ………………………… 4
说出具体的可赞之处，让赞美更可信 ………………………… 5
表达真情实意，不要虚伪地赞美 ……………………………… 7
独辟蹊径的赞美更受人喜爱 …………………………………… 9

第02章 把话说到点子上：巧用策略表达你的想法 ………… 12

察言观色，看好对方的情绪再说话 …………………………… 13
理解对方的出发点，站在对方的角度说话 …………………… 15
讲究策略，说点让对方自得的事 ……………………………… 18
巧用激将法，激发对方自尊心 ………………………………… 20
没有人会拒绝一颗真诚的心 …………………………………… 22

第03章 学会拒绝技巧：明确拒绝，巧妙说"不" ………… 25

要明确地拒绝，但委婉地表达 ………………………………… 26
言语柔和，让拒绝不伤人心 …………………………………… 28
不要不好意思，学会果断拒绝 ………………………………… 30
在拒绝的时候做到不伤害对方 ………………………………… 32
在谈判中使用拒绝术的方法 …………………………………… 34

第04章　用倾听表达尊重：学会适时沉默 …………… 37

恰当地插话可以避免冷场 ………………………………… 38
倾听时的回应，是对他人的尊重 ………………………… 40
用心倾听，听出话外之意 ………………………………… 42
倾听要客观，不带感情色彩 ……………………………… 44
立场客观，不偏听一家之言 ……………………………… 47

第05章　用提问表达想法：让彼此更了解的说话技巧 …… 49

把不会回答的问题抛回去 ………………………………… 50
避免提出一些无效的问题 ………………………………… 52
渐进式提问，逐步深入 …………………………………… 54
把握好敏感问题的尺度 …………………………………… 56
让对方主动回答你的问题 ………………………………… 58

第06章　三言两语消除尴尬：以柔克刚应对语言伤害 …… 61

沉默是应对挑衅最好的武器 ……………………………… 62
顺势而下，避开对方的强劲攻势 ………………………… 64
转移话题，让冲突化解于无形 …………………………… 66
把话说圆满，让对方无从挑剔 …………………………… 68
将错就错化解不利局面 …………………………………… 70

第07章　增强说话的感染力：用修辞来表达涵养 ………… 73

利用借代和象征显示知识底蕴 …………………………… 74
夸张和排比，让语势更强烈 ……………………………… 76

一语双关，丰富你的语言层次 …………………………………… 78

引经据典，显示学识和内涵 ……………………………………… 80

对偶的运用显示飞扬的文采 ……………………………………… 82

第08章 让表达声情并茂：用肢体语言促进沟通 ………… 85

内心的想法总能在脸上展现 ……………………………………… 86

丰富的表情让你的表达更有吸引力 ……………………………… 88

使用恰当的手势让表达更清晰 …………………………………… 89

得体的形象让交流更愉快顺畅 …………………………………… 91

坐相和站相体现你的气质和涵养 ………………………………… 93

第09章 用自嘲表达你的态度：摆脱窘境拉近关系 ……… 96

用自嘲为自己消除窘境 …………………………………………… 97

自嘲地拒绝可以让人不失面子 …………………………………… 99

尴尬和僵局用自嘲来化解 ………………………………………… 101

自嘲可以为自己赢得好感 ………………………………………… 103

含沙射影，用自嘲警示他人 ……………………………………… 105

第10章 幽默表达激发好感：迅速获得好人缘的技巧 ……… 108

掌握歇后语和俗语的使用 ………………………………………… 109

使用双关语引出趣味话题 ………………………………………… 111

运用逻辑颠倒的幽默法 …………………………………………… 113

用幽默化解难堪和尴尬 …………………………………………… 115

幽默也可以精练和简短 …………………………………………… 117

第11章 用贴心话表达关心：语言得当维系良好关系 ……… 120

　　让自己准确喊出新朋友的名字 …………………………… 121
　　友谊之花需要常常维护 …………………………………… 123
　　做到设身处地地为朋友着想 ……………………………… 125
　　为朋友保守秘密，做值得信赖的人 ……………………… 127
　　给予朋友真切的信任和宽容 ……………………………… 129

第12章 用浪漫表达爱意：甜言蜜语稳固感情 ……………… 131

　　小吵小闹为感情加温 ……………………………………… 132
　　少批评多赞美，恋人之间需包容 ………………………… 134
　　稳固的感情靠多些甜言蜜语来助推 ……………………… 136
　　道歉和原谅也可以浪漫起来 ……………………………… 138
　　爱情里做到有技巧地拒绝 ………………………………… 140

第13章 初次会见陌生人：言语之中会表现真诚 ……………… 143

　　尊重他人，做到礼貌倾听不插话 ………………………… 144
　　寒暄也真诚，才能受人欢迎 ……………………………… 146
　　起个好话头，好的开始是成功的一半 …………………… 148
　　从周边话题着手，逐渐接近主题 ………………………… 150
　　利用同情心理，让对方对你惺惺相惜 …………………… 152

第14章 电话沟通传递情感：用声音增加好感 ……………… 155

　　注意打电话时的措辞，给对方留下好印象 ……………… 156
　　注意电话礼仪，保持优雅风度 …………………………… 158

目录

让对方首先喜欢上你的声音 …………………………………… 160

控制说话语速，让对方听得清楚明白 …………………………… 162

注意说话的语气，平稳拿捏谈话基调 …………………………… 164

第15章　当众演讲不怯场：用热情的语言点燃全场 ………… 166

要想言之有物，必先武装大脑 …………………………………… 167

抑扬顿挫的话语更易调动观众情绪 ……………………………… 169

引人入胜的"豹头凤尾"演讲方式 ……………………………… 170

冷静沉着，从容对待冷场和意外 ………………………………… 172

用真情实感打动你的观众 ………………………………………… 174

第16章　巧妙对答赢得辩论：针锋相对、巧言震慑人心 ……… 177

发现对方的漏洞，寻找突破时机 ………………………………… 178

旁敲侧击让对方自行就范 ………………………………………… 180

针锋相对，狭路相逢勇者胜 ……………………………………… 182

稳定心神，迂回一点也可以达到目的 …………………………… 184

借题发挥，借势打破僵局 ………………………………………… 186

第17章　不逞口舌之利：语言秉持礼貌和理解 ………………… 189

学会示弱，硬碰硬并不是好计策 ………………………………… 190

多点耐心，心急吃不了热豆腐 …………………………………… 192

动之以情晓之以理，自能服人 …………………………………… 194

把握时机，顺水推舟说服他人 …………………………………… 197

恰当地恭维对方，满足其虚荣心 ………………………………… 199

第18章 面试表达技巧：几句妙语获得考官青睐 …………… 202

考官面前，说话不卑不亢 ………………………………… 203

尽量放轻松，让声音平静流畅 …………………………… 205

自我介绍要详略得当，突出重点 ………………………… 207

找准提问时机，掌握说话主动权 ………………………… 209

说话委婉含蓄，表达出内心的恳切 ……………………… 211

参考文献…………………………………………………………… 214

第01章
用赞美表达善意：
轻松拉近人与人之间的关系

在所有的语言当中，赞美通常被称作语言的钻石。赞美的语言就如同美妙的音乐，会永远在他人的记忆深处歌唱。所以，别忘了为别人留下一点赞美的温馨，因为这一点温馨可以燃起友谊的火炬。不会赞美也被认为是一种不健康的人际沟通形态，会让你的人际沟通处处受阻。虽然赞美在人际交往中发挥着神奇的作用，但也不是所有的赞美都是起作用的，甚至有时你的赞美会被怀疑为另有所图。那么，怎样的赞美才受人欢迎呢？赞美别人需要掌握哪些技巧呢？

赞美要有理有据,不要言过其实

<<< 口才实例

曾国藩很善于赞美自己的下属,鼓舞他们的士气,并且他的赞美有理有据,没有一丝言过其实。有一次,曾国藩把自己的下属全部召集在一起讨论下一步的作战方针。他说:"洪秀全是从长江上游东下而占据江宁的,现在湖北、江西两地均为我收复,在江宁之上,仅存安徽一省没有收复,如果安徽被我收复,那么江宁早晚必成孤城一座。"

此时,曾国藩手下一贯沉默寡言的李续宾从曾国藩的话中意识到了下一步的用兵重点,就试探着插话问道:

"涤帅(指曾国藩)的意思,是要先攻打安徽?"

"对!"

曾国藩见李续宾猜出了自己的意图,以赏识的目光看了李续宾一眼,接着说:"迪庵(李续宾)说得好,看来你平时对此已有思考。为将者,拨营、攻寨、算路程等尚在其次,重要的是胸有成竹、规划宏远,这才是大将之才。迪庵在这点上,比诸位要略胜一筹。"其他将领也点头称是。

<<< 技巧点睛

曾国藩的赞美之所以那么成功,原因有二:一是抓住了李续宾的一句话就引出大将之才的许多道理,事实清楚,道理深刻;二是善于把握时机,赞美得有理有据,没有言过其实。赞美的力量是无穷的,它能让人认识到自己存在的价值,能鼓舞人的斗志。赞美要有理有据,这样大家才能心服口服。

第01章　用赞美表达善意：轻松拉近人与人之间的关系

"有理"就是要求说话要有道理，无可挑剔。"有据"就是要有事实依据，确凿无疑，谁也说不出个"不"字来。除此之外，在赞美别人时，我们还要注意什么呢？

● **赞美要实事求是**

真正的赞美是有理有据的。如果言过其实或者言不由衷，就可能会变成"拍马屁"了，对方也会怀疑你的真实目的。如对一位清洁工人这样赞美："您真是一位成功人士啊！您具有非凡的气质，您是一位伟大的人！"对方一定会认为你精神有问题，因为这些话和他没有一点关系。只有实事求是地去赞美他人，才能抓住对方的心，才能获得对方的好感，改善人际关系。

● **当众赞美别人**

在赞美别人的时候能让对方认可，让对方感到被重视，那就需要当众赞美别人。当你在众人面前赞美一个人的时候，对方就会感受到特殊礼遇一样，心里美滋滋的，就像案例中曾国藩当众赞美李续宾一样，在座的其他人也会认可和羡慕他，这就是当众赞美的魅力。

● **赞美别人要掌握好分寸**

但赞美他人还必须学会因人而异地掌握分寸，要注意讲话时的环境，观察别人的脸色。当你赞美别人时，别人发出会心的微笑或谦虚地说"哪里，你过奖了"等，你可以继续去赞美。而当别人对你的赞美没有任何反应的时候，你就要观察一下，对方是不是有什么心事或遇到什么不高兴的事情。赞美也是因人、因事、需要环境的，所以在赞美别人的时候，一定要掌握好分寸。

● **适当地加上肢体语言**

选择恰当、得体、文雅、幽默的语言赞美他人固然很重要，但也只是传达了一半你所要表达的信息。那么，另一半是什么呢？是你的表情、眼神和肢体形态，这些与你的语言必须同步。把自己的肢体语言作为一种礼貌的信息与自己的语言同时传达出去，这就要求我们学会和培养自己的风度。赞美是整套语

言表达方式，不是单纯地靠嘴把赞美之词说出去，适当地加上肢体语言，会让别人更能接受你的赞美。

给予对方"雪中送炭"般的有效的赞美

<<< 口才实例

有一个年轻人，一心想成为作家，但是他的人生却屡屡与他作对。他10岁的时候，母亲不忍家中困苦，离他而去，而他的父亲，因长期好赌，借了一大笔外债，由于无法偿还而被迫入狱。

家庭的不幸让他经常遭受饥饿之苦。后来，他找到一份工作，是在一个老鼠横行的货仓里贴鞋油的标签，晚上住在一间阴森、寂静的房子里。

虽然在如此艰苦的环境下，但是这个年轻人一直坚持他的梦想，成为一名作家。就在这个货仓里，他不断地写稿子寄出去，但却一篇接一篇地被退回。就在他心灰意冷，意志消沉打算放弃他的梦想的时候，他写的一篇稿子被出版社的一名编辑看到了，在他的稿子上写道："你的文字写得很有灵性，足见你对文学的热爱，其中像这句……"

那位编辑给他的赞美，使他受到了极大的激励，他一直坚持着，终于成为知名的作家。

<<< 技巧点睛

是什么能让那位年轻人坚持到最后，并成为知名的作家，可以说是出版社编辑对他的赞美及肯定。如果没有这次赞美，可能那位年轻人就放弃了他的作家梦。因此，最有效的赞美不是"锦上添花"，而是"雪中送炭"。有时候，最需要赞美的不是那些有名有利、有一定社会地位的人，而是那些生活困苦，

第01章 用赞美表达善意：轻松拉近人与人之间的关系

尤其是那些被压抑、自信心不足或总受批评的人。他们一旦被人真诚地赞美，就有可能信心倍增，精神面貌从此焕然一新。赞美是艺术，因此你更要注意下面几点。

● **赞美要恰如其分**

真诚的赞美应该是恰如其分的，是具体确切的。而且，所要赞美的事情也并非一定是大事，即使是别人一个很小的优点，只要给予恰如其分的赞美，就能让你拉近与对方的距离。如果你对一位很胖的女士说："小姐，您身材真好。"那名女士一定说你是神经病，在嘲笑她。所以赞美应该恰如其分。赞美的目的是要对对方表示一种肯定和欣赏，让对方能从你的话中领会这些含义。当你的赞美正合对方心意时，会加倍成就对方的自信感。

● **赞美要把握时机**

赞美别人要善于把握时机。高明的厨师其高明之处不在作料，而在火候。赞美也一样，你应该善于发现他人哪怕是最微小的长处，对此不失时机地赞美。一旦发现别人有值得赞美的地方，马上当众表扬他，不要拖拉，也不必积累到一起再找时机表扬。

说出具体的可赞之处，让赞美更可信

<<< 口才实例

克莱斯勒是美国著名的汽车制造公司，有一次它专门为罗斯福总统制造了一辆汽车，因为罗斯福总统的下肢瘫痪，致使他不能驾驶普通的小汽车。当克莱斯勒公司的工程师将汽车送到白宫时，罗斯福总统立即对它产生了极大的兴趣，并对大家说："我觉得简直不可思议，只需按按钮，车子就能跑起来，真

是太奇妙了!"

当时他的朋友们也在一旁欣赏汽车,罗斯福总统当着大家的面夸奖:"我真感激你们花费时间和精力研制了这辆车,这是件了不起的事!"接着罗斯福总统欣赏了车的散热器、车灯等。也就是说,他提到了车的每一个细节,并坚持让夫人和他的朋友们注意这些装置。这些具体的赞美,让人感到了他的真心和诚意。

<<< 技巧点睛

作为美国著名的总统,他对汽车的赞美并不是笼统含糊地说"多么先进的一部汽车",而是把这个汽车的各个零部件一一地赞美了一通,这不仅是对汽车制造商的肯定,也真心诚意地表达了他对汽车的喜爱。也就是说,赞美要具体,不能含糊其辞,否则可能会让对方感到混乱。赞美越具体,说明你对被赞美者越了解,也更容易让对方接受你的赞美。但具体的赞美需要注意哪几点呢?

● **赞美要具体化**

想让你的赞美效果倍增,就要学会具体化赞美。具体而详细地说出对方值得称道的地方,既能让对方直接感受到你的真诚,也能让你的赞美之词深入人心。如果在赞美别人时你只是单纯地说你"太漂亮了""你很聪明""你真棒"等这类缺乏热情的、笼统的、空洞的话,就有点像外交辞令,给人以敷衍的感觉,有时甚至让人感觉你是在拍马屁,容易引起对方的反感与不满。此时你应该从眼睛明亮、脸型好看、面带福相、气质儒雅、高贵、身材苗条等这些具体的方面寻找闪光点,然后给予评价。

● **要仔细地观察对方**

有时,当你在夸一个女孩漂亮时,在她的内心深处立刻会有一种心理期待,想听听"我漂亮在哪里",如果这时你没有具体化的表述,是多么令人失望啊!要有具体化的赞美,就只有用心而认真地观察对方,才能说出她的优点,越具

第01章 用赞美表达善意：轻松拉近人与人之间的关系

体表明你越关注对方。所以说，具体的程度与你关注的深度是紧密相关的。比如说一个人演讲得很棒，你可以这样赞美："你的演讲非常有思想，特别是你说的那句……"你的具体赞美会让对方立刻体会到你对他演讲才华的真实肯定。如果赞美一位女士很漂亮，那么可以说："你的皮肤很白，身材很高挑，在美女群中很抢眼……"这样的赞美自然会令她难以忘怀。

● **不同的人给予不同的赞美**

在赞美别人时，你应先了解对方的职业，再给予适当的赞美。如此一来，将为你与他人建立良好的沟通关系打下最为坚实的基础。对于商人，你如果称赞他学问好、品德好或者清廉自守等，他一定无动于衷。你应该称赞他才能出众、手腕灵活、生财有道等，他才会听得高兴又愉悦。对于官员，你应该称赞他为国为民、一生清正、廉洁自持、劳苦功高，他一听便会感到高兴。对于文人，你应该称赞他学有根底、笔下生花或是气度不凡等，他听了一定高兴。如果对方是个电脑爱好者，那么从电脑技术高超方面赞美他，他一定会非常高兴的。对于一个很满意自己皮肤的女孩子，夸奖她的肤色是不会错的。

表达真情实意，不要虚伪地赞美

<<< 口才实例

童童很善于用自己的赞美去帮助身边的小伙伴们。在他的寝室里有一个性格比较孤僻、不善言谈的同学，被别的同学暗自称为"弱智"，同学们跟他说话的语气也很怪异。

自从童童担任室长后，他决定改变这个被别人称为"弱智"的同学。有一次，在课外活动时，童童看到这个同学独自一人坐在教室里，他便走过去，用最贴心、最真心实意的语气同他说话："我发现你上课听讲挺认真的，而且反应并不比别人慢，我相信你肯定比我聪明，只要你努力学习，一定会在班里考前几名。"

这个同学听了童童的话，若有所思地点点头。然后，童童又诚挚地说："不如我们一起参加活动吧，一个人坐在这里也挺无聊的，就当陪我吧。"说着就把他拉到同学们中间，与他一起参与同学们的活动和游戏。后来，同学们也都争着和他做游戏了。慢慢地，他和同学们的关系变得融洽了，成绩也提高了，再也没有人说他"弱智"了。

多年后，那位曾经孤僻的同学已经成为深圳一家大公司的销售总监。在一次同学聚会上，他拉着童童的手说："当年你对我说的话改变了我的一生。"

<<< 技巧点睛

赞美是一门艺术，是一门学问，赞美别人的时候要发自内心，出自真情实意去赞美人，去帮助人，这时候对方会因为你真情的赞美而改变。在日常生活交往中应该从具体的时间入手，善于发现别人哪怕是微小的长处，并不失时机地予以赞美。只有真情实意的话语，才不会给别人虚假和牵强的感觉。虽然人们都喜欢听赞美的话，但不是任何赞美都能让对方高兴。尤其在赞美别人时最要不得的就是虚情假意，只是表面恭维，如何才能真情实意地表达自己的赞美呢？

● **感情真挚地赞美**

赞美是一种语言艺术，是怀着一种真诚待人的心态从而表现出对生活的热爱和精神上的愉快，同时更是一种勇气，将有助于你在现实生活和社会交往中获得成功。

赞美别人也要看具体的对象，比如说根据被赞美人的身份、年龄、心境、环境、场合不同，所用的赞美用语也是不相同的。如果不关注这些基本的条件，让赞美的话找不着落脚点，即使说得再好，也起不到任何作用。如她的身材确实苗条，你才可以说"身材好"，她的眼睛长得美，你才能说"眼睛漂亮"。如果一个男孩确实个子高，人又长得英俊，你才能说他是"又酷又帅"……

第01章　用赞美表达善意：轻松拉近人与人之间的关系

● 赞美不宜太夸张

赞美是无处不在的，但在赞美别人的时候，不能太夸张。如你的一个很好的朋友口才非常好，你去称赞说："你的口才真棒，是我见过的口才最优秀的人。"很显然，这样的赞美不痛不痒，而且没有任何的事实依据，这不但不能取悦于对方，还会引起对方的不满，这样的称赞无异于阿谀奉承。如果你能换个赞美的方式，或许会收到意想不到的结果。"你说起话来既简洁又流畅，我真羡慕你啊，不像我说话总是啰唆、颠三倒四的。"假如你这样说，你的朋友会因为你的赞美更加欣赏你，这才是最得体的赞美。

● 赞美不要太肉麻

赞美不是无原则的吹捧，也不是使人肉麻的讨好迎合，更不是借赞美之语去挖苦、嘲弄对方。当你在赞美别人时，尽量注意所用词语的度，能表达你的意思就可以了。说得过了，太露骨，容易引起别人的反感；也不适合用太多感性的词语，如果说出来的话很肉麻，也会引起别人的反感。因为对方自己觉得可能没有那么好，你的赞美无疑是对对方的讥讽或挖苦。如赞美一个美丽可爱的女孩："你是美丽的女神，我为你而倾倒。"这样太肉麻的赞美会让人反感，还不如具体地赞美："你的眼睛清澈得像湖水，没有一丝杂质……"这样具体的赞美会好得多。

独辟蹊径的赞美更受人喜爱

<<< 口才实例

有一个杂志推销员抱了一大摞杂志去拜访某个客户。当她来到客户的办公室后，她并没有展开怀中的杂志催促客户订阅它们，而是看了看客户的书桌。

她看见桌上摆了几本杂志,忍不住热情地惊呼:"哦!我看得出来,您十分喜爱阅读书籍和各种杂志。"

客户听了她这句恭维的话,笑了笑回答:"是的!"

然后,她问客户以前订阅了哪几种杂志。

在客户向她说明之后,她脸上露出了微笑,把她的那些杂志展开,摊放在客户面前的书桌上。她一一分析这些杂志,并且说明客户为什么应该每一种都要订阅一份。

她还提出了这样一项温和的暗示:

"像您这种有地位的人物,一定要消息灵通,知识渊博。"

她的话确实是真理。结果,她离开时,带走了客户订阅这六种杂志的订单。

<<< 技巧点睛

案例中的女推销员很聪明,当她走进客户的办公室后,并没有急于推销手中的杂志,而是首先了解客户喜欢阅读的书籍,然后从这点出发,赞美客户是一位读书的人。虽然只是几句简单的话语,但是却拉近了推销员与客户之间的距离,从而获得了订单。赞美是有技巧可循的,在生活中,当你在赞美别人的时候,有没有想过赞美可以不必那么直接,那么一概而论,有时候另辟蹊径可以让你收获更多。但如何才能做到另辟蹊径呢?

● **赞美要言之有物**

在赞美别人的时候,所用的词语一定要言之有物,与其说"久仰大名,如雷贯耳",不如说"您上次主持的那次年终总结会语言流畅,更是一气呵成,真是让人佩服……"如果你这样说了就是直接提及他在工作上的骄人成绩。如果你想要赞美别人生意兴隆,不如赞美他推销产品的能力,或赞美他经营有方。如果你只是想向人请教,你应该选择要请教的人的长处,只在他擅长的方面请他指教,这样他一定高兴。

第01章 用赞美表达善意：轻松拉近人与人之间的关系

● **赞美也要注意对策**

虽然人人都爱听赞美的话，但是并非任何赞美都能使对方高兴。所以赞美一个人时一定要有策略，只有别出心裁，才能打动对方的心。当你想赞美别人时，首先要引出对方更多的话题，看出对方希望怎样的赞美，然后对应说出赞美的话。也就是说，你的赞美要能满足对方的心理需要。因此，在没有弄清楚对方的喜好前，最好不要随便就使用你的赞誉之词，免得弄巧成拙。如到别人家做客，与其乱捧一场，不如赞美房子布置得别出心裁，或赞美盆景的精巧，或赞美装饰的精致，要注意欣赏他人的爱好与情趣。主人喜欢养金鱼，你应该试着去欣赏那些鱼的美丽。主人爱养花，你应该去赞美他所养的花草。赞美别人最近取得的工作成绩，赞美别人心爱的宠物，要比说上无数空泛的客气话要有效得多。

● **间接赞美他人**

在赞美别人的时候，一般人往往是当面赞美，但有时候背后赞美的效果更明显。如果你当面赞美别人，可能会被误认为你在奉承他、讨好他。然而在背后说这些相同的好话时，被赞美者就容易接受你的赞美之词，也容易领情。如果你当着上司和同事的面赞美上司，同事们会认为你在讨好上司，拍上司的马屁，从而引起周围同事的反感。而且，这种正面的赞美所起到的效果也不是很明显的，甚至还会起到反作用。与其如此，你不如在上司不在场时，对上司"大力吹捧"一番。而你所说的这些好话，也会很快传到上司耳朵里的。你完全不用担心你所赞美的人会听不到你的赞美，相反，你在对方背后的赞美，很容易就会传到对方的耳朵里，对方也会因此对你另眼相待。

第 02 章
把话说到点子上：
巧用策略表达你的想法

　　人们常说，说起来容易做起来难。其实说起来难。要如何把话说到点子上，如何把事情的重要性，事情的关键说清楚，也是一门学问。虽然说对事情有了透彻的理解，选择的说辞也就多了，说话的余地也就大了。但余地大了并不代表你就一定能说清楚，一定能把话说到点子上。要想把话说到点子上，如何少说废话，如何让你所说的话能发挥你预想的效果，最重要的还是要看你说的话是否打动了别人的心，我们应该学会用心灵去和别人交流，用心去感化别人。

第02章　把话说到点子上：巧用策略表达你的想法

察言观色，看好对方的情绪再说话

<<< 口才实例

有一个秀才寒窗苦读十几年，好不容易获得了一个官职。

当他得知自己上榜之后，急忙去拜见自己的上司，想要分到好一点的地方。由于是第一次见上司，彼此都很生分，一番寒暄之后，秀才愣在一旁，不知道该说什么了。

气氛非常尴尬，秀才想方设法寻找话题来缓和。这时候，他突然发现自己拜见上司，还不知道上司的名字呢，于是问道："敢问大人尊姓大名。"

面对下属的突然发问，上司有些不悦，但是出于礼貌，还是如实做了回答。听了上司的回答，秀才又不知道该说什么了，于是低下头不再出声。

上司觉得没趣，又不好意思将对方晾在一边，只好拿起一本书随便翻翻。

过了一会儿，秀才抬起头说："百家姓里好像没有大人的姓啊！"

上司把脸一沉，没好气地说："我是旗人，难道你不知道吗？"

秀才一听，兴奋地站了起来说："请教大人，您是属于哪个旗的？"

上司瞪了秀才一眼，慢吞吞地说："正红旗。"

秀才说："听说正黄旗是最好的，大人为什么不在正黄旗呢？"

上司大怒，生气地反问道："那么，你是哪里人啊？"

秀才不知趣地说："我是广西人。"

上司讥讽地说："我也听说过广东是最好的，那么你为什么不是广东人呢？"

秀才这才发现上司满脸怒气地瞪着自己，于是找了个理由迅速逃离了上司的府邸。

后来，秀才接到上司的委任状，他被分到一个非常贫瘠的小县。

13

赢在表达

<<< 技巧点睛

人的情绪变化从面部表情和说话的语气中凸显出来。面部表情凭借眼、眉、嘴以及面部肌肉的变化等体现出来，内容极为丰富。而说话语气的快慢和声调的高低也能清楚地表达各种不同的情绪。对于涉世不深的年轻人来说，通过观察别人表情的微妙变化和把握声音的情感色彩来了解对方的情绪变化，显得尤为重要，那么，在人际交往过程中，到底如何才能做到察言观色呢？有没有什么方法和措施呢？

● **从眼睛中窥探别人的心理**

一个人的话能骗人，但是眼睛却骗不了人。当别人盯着你看的时候，表示质疑和不信任，对你所持的观点表示反对和不赞同。如果不停地眨眼睛，就表明对你所说的话很感兴趣。如果别人对你眨眼的频率变慢了，则是对你的蔑视和嘲笑，至少对你所说的话很反感。如果对方斜着眼睛看你，而且眉毛轻轻上扬或者面带微笑，则表明对方对你所说的话很感兴趣。当对方眉毛压低、眉头紧锁或者是嘴角下拉，则表明对你的不信任或者心存敌意。

● **从脑袋上捕捉别人的倾向**

人的身体反应是最值得信赖的。在一般情况下，点头表达了赞许和认可，表达着一种肯定的意思。但是如果点头的频率过快，那就有了否定的意思，表示别人对你很反感，希望你尽快闭嘴。相反，摇头则表达一种否定和不认可的态度。低头也表示否定和拒绝。只是这种否定的表达没有摇头那么直接，一般是不方便拒绝对方，又不愿意和对方合作的时候一种情绪的表达。头部倾斜表示对方在认真地倾听你。如果在和别人的交往当中，发现对方歪着头，用手托着脸颊，这时候说明对方已经很信任你。

● **从双手上洞察别人的态度**

一个人手部的一些微小动作，往往能将缜密的心思表露出来。当一个人摸

第 02 章　把话说到点子上：巧用策略表达你的想法

鼻子的时候，往往表明对方对你不感兴趣，对你所说的话题也不感兴趣，不会和你有更深层次的接触和合作。如果对方用手捂着嘴巴，那么表明对方对你很不满意，但是又不好意思直接说出来，对方要敷衍你了。如果对方在和你接触的过程中不停地揉眼睛，则表明对方对你的谈话一点也不感兴趣。用手摸耳朵的时候，则说明对方对你不信任，甚至可以说很讨厌你，尽管在嘴上说很多让你高兴的话，事实上那都是在敷衍你。不经意间抓一下脖子或者是拽一下衣领则表示别人对你心存疑虑，不放心。同样，看到对方把手放在嘴唇上的时候，也是表明不信任。

● 从声音中判断别人的情绪

在一般情况下，对方说话速度突然慢了，有可能对你很不满意。如果说话的速度加快了，那么意味着对方所说的话可能是假的。音调突然升高，要么对你所说的话很吃惊，要么就是对方在撒谎，为自己找个合适的理由和借口。如果对方的声音突然变得抑扬顿挫，那是对方想要引起你的注意。如果对方说话的声音很兴奋，那么说明对方对你很感兴趣，很喜欢你。如果对方说话的速度很慢或者是声调很低，则表明对方对你一点儿兴趣也没有，是在敷衍你。

理解对方的出发点，站在对方的角度说话

<<< 口才实例

戴尔·卡耐基是著名的成功学大师，有一次，他在法国租用了巴黎非常有名的一家酒店的大礼堂讲课。没过多久，酒店的销售人员突然告诉他，租金要增加三倍。卡耐基前去和经理交涉。经理说："很明显，我们把礼堂以之前谈判的价格租给你是不划算的，如果用礼堂来办各种舞会和酒会，获得的利润是

你的租金的好几倍。所以，除非你同意将租金增加三倍，否则我们就不能将大礼堂租给你。"

卡耐基说："说实话，如果我是你，我也会这么做，因为你是酒店的经理，使酒店尽可能盈利是你的职责所在。但是，来听我讲课的人基本上都是企业的管理者，他们将会成为你们酒店的潜在客户。这些可是你花再多的钱也买不来的活广告，他们所带来的潜在利益将是你办多少场舞会都带不来的。"

酒店的经理想了想，取消了增加三倍租金的要求。

<<< 技巧点睛

每个人的潜意识里都希望别人顺从自己，都认为自己的坚持是对的。在说话的时候，要想让对方顺着自己的思维方式去思考问题，就不能简单地把自己的理由罗列一大堆，来压制别人。否则不但不能让对方放弃坚持，还会让对方坚持和你抗衡。所以，要站在对方的立场来说话，诚恳地和对方交换想法，理解对方思考问题的出发点，肯定对方有一定的合理性。只有你承认了别人，别人才会认可你。那么当站在对方的立场上来说话的时候，要注意一些什么问题呢？

● **态度要和蔼**

在说服对方的时候，年轻人一定要态度和蔼一些，让双方在一种愉悦的气氛中展开谈话，诚恳地和对方交换想法。你的和颜悦色会让对方的抵抗情绪不断弱化。当双方没有对抗情绪的时候，就会寻求交流和合作。这时候即使对方内心深处想要和你对抗，也对抗不起来。相反，你的和蔼态度会让对方心悦诚服。说话的时候要注视对方的眼睛，让对方感受到你的这份真诚。要深入浅出，讲道理摆事实，以理服人，使人心服口服。如果说服时态度恶劣，口气咄咄逼人，即使对方内心想要顺从你，此时也会和你对抗到底。

第02章 把话说到点子上：巧用策略表达你的想法

● **要多听少说**

每个人都想要表达自己的欲望，尤其是当观念和思想产生碰撞与火花的时候，都想竭尽全力地试图证明自己的想法和观点是正确的。在这种情况下，要充分考虑别人的内心感受，给别人适当的表达机会。当对方把这种激烈的情绪表达完之后，就会适当地考虑你的想法。在这个时候，不妨给对方适当的引导和分析，让对方自己去思考。切不可把持着说话权，只管一个劲儿地灌输。这样不但不能说服别人，而且还会让别人觉得有种压迫和强制的感觉，从而导致说服失败。

● **给对方一定的肯定**

在和对方交换想法的时候，要理解对方思考问题的出发点，肯定对方的想法有一定的合理性，这样会让对方觉得你理解他。只有你承认了别人，别人才会认可你。不要轻易否认别人，也不要在对错上纠结，很多事情事实上很难分出是非对错。从你的角度来看是对的，但是站在别人的角度来看未必是对的。没有人会心甘情愿地向别人承认自己错了。说服对方的目的是要别人接受我们的主张和建议，不是要对方承认自己的错误。

● **要充分尊重别人**

人人都有自尊心，因此你对别人进行说服的时候，一定要尊重别人，尤其要用对方自己论点的漏洞来说服他，让他改变态度。需要注意的是，避开人群，单独交谈，切不可在公开场合进行。让一个人在公开场合放弃自己的想法，无形之中就是让他承认自己是个没脑子的人，这一点一定要注意。对方放弃自己的立场和想法，并不代表别人输了，接受了你的观点，也代表不了你赢了。对方顺从你，只是觉得你的想法和立场更好，要低调一些，切不可到处吹嘘自己有多高明，让对方下不来台。除此之外，当对方接受了你的说服之后，要真诚地感谢对方。让对方在接受你的同时，积极地拥护你。

讲究策略，说点让对方自得的事

<<< 口才实例

爱德华·查利弗积极支持一名童子军去参加欧洲举办的世界童子军大会，但是他手头没有足够的资金。于是他想到了当时美国的一家大公司，随后他前去拜访该公司的董事长。

在此之前，他听说这位董事长曾经开过一张100万美元的支票，后来由于各种原因，那张支票作废了。董事长将这张报废的支票装裱起来，挂在墙上作纪念。

爱德华·查利弗来到董事长的办公室，表明了自己的身份，并且特意说自己是听说了那张支票，赶过来参观一下的。因为童子军对这张支票的故事很感兴趣，董事长爽快地答应了。随即他将关于那张支票的故事讲给爱德华·查利弗听。董事长滔滔不绝地讲了两个小时，神采奕奕，手舞足蹈。

讲完了那张巨额支票的事情，没等爱德华·查利弗说明来意，董事长主动询问爱德华·查利弗此行的目的。爱德华·查利弗如实地将自己的想法告诉了董事长，令他没有想到的是，董事长不但答应了他的要求，而且还答应另外赞助5名童子军参加世界童子军大会。另外，他还亲自写了一封推荐信，要求欧洲公司的主管为他们提供一切服务。

爱德华·查利弗一开始并没有提起童子军的事，更没有提到筹措资金的事，他提到的只是董事长感兴趣的事。通过这次拜访，爱德华·查利弗满载而归。

第 02 章 把话说到点子上：巧用策略表达你的想法

<<< 技巧点睛

讲究策略，多提令对方得意的事，从而调动起对方的兴趣。人对自己感兴趣的事总有很强的情绪要表达，在表达的过程中享受那份愉悦。多提对方感兴趣的事，无疑会激发了对方的快乐。在一般情况下，人都会将给自己带来快乐的人当作朋友和知己。当对方把你当作知己的时候，就会最大限度地满足你的要求。所以，20几岁以后的年轻人一定要学会调动别人的兴趣。在这个过程中，到底有什么具体的方法可以借鉴呢？

● 要充分了解对方

在接触之前，要尽可能地了解对方，探知对方的兴趣爱好，这样才能取悦对方。只有充分地了解了对方，才能知道如何博得对方的欢心。所以，年轻人要多了解你的接触对象。如了解对方叫什么名字，喜欢穿什么样的衣服，喜欢吃什么样的饭菜，对方家中是否有老人和小孩等。了解对方的信息越多，就越能占据主动。如果对方是个孝子，那么在和对方交谈的时候，不妨大谈孝道。关键时候，不妨把自己拉进故事，充当主角。让对方觉得你是难得一觅的知音。如果对方是个京剧爱好者，你不妨恶补京剧知识，在见面的时候有必要准备两张名家的演唱票。只要你满足了对方的兴趣爱好，对方就愿意帮助你。即使你不说出自己的要求，对方也会积极主动地询问。

● 要做一个好的聆听者

每个人都有在别人面前表现自己的欲望，都有很强的表达欲望。尤其是当对方感兴趣的事情被提及的时候，想要炫耀的心理更加强烈。这时候，不妨做一个很好的聆听者，让对方尽情地表达，在表达中享受那份愉悦。这种强烈的欲望得到满足的时候，对方会对当听众的人非常感激，并会产生一种知己的感觉，这种感觉对一个急需帮助的年轻人来说非常重要。在这种心理下，对方会尽一切力量来满足你的要求。事实上，这时候也是成功获得对方真心的时机。所以，年轻人要克制自己的虚荣心，尽可能地满足对方的虚荣心。对方满足了

虚荣心，就会满足你的要求。

● 适当地恭维对方

人人都喜欢受到别人的恭维，喜欢别人赞美自己，喜欢别人欣赏自己。尤其提及自己得意的事情，更加希望得到别人的认可和肯定。所以，当对方的热情被调动起来之后，一定要适当地恭维对方，迎合对方渴望受肯定和被认可的心理。当然，恭维也要适度，要让对方听起来感觉到舒服，感觉到自豪。切不可不切实际地乱赞美一番，这不但浇灭了对方的热情，而且还会让对方觉得你是在嘲笑和讽刺他，从而对你产生反感。

巧用激将法，激发对方自尊心

<<< 口才实例

王娜是某销售公司的销售员，来公司已经差不多有一年的时间了，可是业绩平平，没有大的起色。销售经理找她谈了好几次话，但是依然没有大的进步。事实上，王娜自己也很努力，可就是不见业绩提升。

一天，开会的时候，销售经理煞有介事地点了王娜的名，问道："这个月的业绩怎么样啊？"

王娜不好意思地说："这个月和上个月持平。"

销售经理说："看来你的能力也只有这么高了，让你突破自己实在是太难了。"

王娜脸一红，有些尴尬，但是全公司的销售员都在看着她呢，要是不干出点成绩，会被人瞧不起的。想到这里，她说："经理，我向你保证，下个月我一定突破自己，将业绩提升到现在的两倍。"销售经理听了，带头鼓起掌来。

从那以后，王娜总是第一个来公司，最后一个离开，遇到周末也不休息。

第 02 章 把话说到点子上：巧用策略表达你的想法

终于在第二个月中旬，王娜成功地实现了突破。到了月底，她的业绩真的上升到上个月的两倍。看到王娜的成绩，销售经理带头给王娜鼓掌。

<<< 技巧点睛

在一般情况下，人都有惰性，如果有退路，潜意识里是不愿意前进的，至少是不会竭尽全力地前进，用激将的方法恰恰堵死了后退的路。因为当着别人的面，谁也不愿意承认自己是最糟糕的。为了证明自己，即使是不愿意，也要努力，也要拼命。在这个过程中，往往能出现奇迹。所以，你试图引导别人的时候，不妨反其道而行之，用否定的假设来刺激对方，让对方在自尊心的支配下，顺着你事先设定好的方向靠近。那么在用激将法迫使对方就范的时候要注意哪些问题呢？

● **要在人多的场合进行**

用激将法来迫使对方就范，说白了就是利用对方的自尊心。所以，在使用激将法的时候一定要在人多的场合下进行，人越多，被激的人才会越感到丢面子，越感到不好意思，为了证明自己不是别人所说的那样，就会越有强烈改变的冲动。如果只有两个人交谈，对方觉得无所谓，在惰性的驱使之下，又会向自己屈服，最终实现不了改变对方的目的。这样一来，不但伤害了彼此之间的感情，还剥夺了自己解释的机会。说服对方的目的没有达到，还因此而得罪了别人，可谓得不偿失。所以，在用激将法的时候，一定要选择在人多的场合下进行。同时，要最大限度地为自己争取和解的机会，即使将来对方不肯原谅你，也会被别人贴上心胸狭隘的标签。

● **用词要恰当**

在用激将法的时候，难免要触动对方的敏感神经，引起对方不悦。大可不必为此而担心，刺激对方是想改变他，而不是真的瞧不起或者看轻他。当然，说话的时候一定要注意言辞，我们可以否定对方的能力和对方的态度，但是千万不要羞辱对方的人格和尊严。否定对方的能力，别人可以通过努力来改变

这种现状，但是否定别人的人格和尊严，无疑是否定了对方存在的价值。试想，又有谁愿意承认自己活着是没有价值的呢？所以，说话的时候可以否定别人，但是不要羞辱和讽刺，更不能有人身攻击的言辞。否则，对方会恼羞成怒，不但实现不了改变对方态度的目的，还因此得罪别人，给自己带来不必要的麻烦。

● 要及时表达歉意

利用激将法之后，对方改变了自己。这时候，你一定要及时向对方道歉，表达你的歉意，要向对方解释清楚之前在大庭广众之下让他出丑的目的。一般情况下，对方了解了真相之后是不会生气的，即使当时生气了，你的歉意也会让他冰释前嫌。如果这时候忽视了这个细节，即使对方并不在意，但是彼此之间也会有隔阂。毕竟人受到伤害之后，内心深处有种接受歉意的期待。当错过了表达歉意的最佳时期之后，对方的心理期待得不到满足，就会想方设法让自己心理平衡。即使是心胸宽广的人，心里也会疙疙瘩瘩不舒服。所以，不妨请对方吃个饭，或者是送点小礼物表达一下心意，可以不说歉意的话，但是一定要找个合适的理由。对方心知肚明，自然会接受你的友好表达。

没有人会拒绝一颗真诚的心

<<< 口才实例

有一家知名杂志社的社长非常想对一位声名显赫的学者进行专访。于是，他不远万里找到学者的家里，非常诚恳地邀请学者。他说："读者现在特别想多了解一些您的生活和情感，所以我真诚地邀请您作为我们节目的嘉宾，作一个专栏的采访，希望得到您的允许。"

学者面露难色，他说："实在抱歉，我每天要演讲、上课，时间排得满满的，就连吃饭的时间都是有限的。"

第02章 把话说到点子上：巧用策略表达你的想法

无论社长怎么规劝和邀请，学者百般推辞，始终不肯答应。没办法，社长只好离开了。但是他并没有走远，而是在学者的家门口不远处静静地等待。

时间过去了三个多小时，学者出门前往机场，很快他就发现了不远处的社长，社长走上前去说："先生要出远门啊？"

学者笑了笑说："是啊，我急着赶往机场，下午有一节课要上。"

社长说："时间不早了，上车吧，我送你去。"

在驶向机场的路上，在和学者聊天的过程中，社长获得了第一手资料。没过多久，学者的专访就如期刊登了。

<<< 技巧点睛

人与人之间是互相的，要想获得对方的帮助和成全，首先需要你有一颗真诚的心，你的真诚无形之中就会让对方压力倍增。因为人有一种心理定式，别人怎样对待你，你就会怎样对待别人。在这种心理取向的驱使之下，对方会因为没用同等的真诚对待你而心怀愧疚。你越真诚，对方的愧疚感就越强烈。在这种心理压力之下，对方就会适当地向你妥协，从而成全和满足你。所以，年轻人在求助和希望别人顺从的时候，态度一定要真诚。那么，在利用这种软化策略的时候，要注意些什么问题呢？

● 不妨拜访第二次

一般情况下，第一次对方都会拒绝你的要求。除非对你有浓厚的兴趣，或者有个充足的理由让他成全你，顺从你。这时候，千万别就此放弃。一切都有可能改变。说不定别人拒绝了你之后很快就会后悔，也有可能是别人在考验你是否真诚，是否有真心。所以，在遭到拒绝之后，不要轻易放弃。不妨对对方进行第二次拜访，在拜访中不妨表明自己的态度，即使再次被拒绝了，对方知道了你的决心，也有被感动的可能，从而成全你。就算不愿意成全你，也怕你屡次打扰，怕麻烦的心理促使他成全你，顺从你。当然，这里所说的第二次不仅仅是指第二次拜访，而是多次拜访的意思，直到对方成全你为止，否则就要坚持下去。尽管听起来感觉有些逼迫对方的意思，但是却很奏效。

● 多留意一些细节

往往很多情况，在一些细节问题上能感动别人。如你得知对方的孩子要过生日，到时送上一个大蛋糕，或者是抽时间拜访对方的父母，还有可能就是请个锁匠把对方损坏了的壁橱的门给修好等。你在一些看起来经常被对方忽视的细节问题上表达关注和帮助，往往能打动人心。因为别人自己都忽略了，而你却替他做到了，可想而知，内心对你是何等地感激。感激之余，便想方设法回报你。事实上，这时候回报你的最好方式便是成全你、顺从你。你的真诚因此而获得对方的真心。当然有些细节问题并不是谁都能了解的。这时候就需要你多调查了解，多注意观察。

● 将真诚付诸行动

或许你做不到持之以恒，或许你不是一个细心的人，不能用你的细心来表达你的真诚，但是只要你有一颗真诚的心，把你的这种真诚付诸行动，哪怕是扫扫地，或者是帮助对方买一瓶酱油，时间久了，对方也会觉得亏欠你，并寻机回报。在每个人的心里都有一种平衡的心理感触，觉得别人帮助了你，就要适当地表示感谢，适当回报。别人怎么对待你，你就要怎么对待别人。所以，在别的办法不奏效的情况下，不妨实实在在地为对方做一些事情，哪怕是微不足道的一些小事，只要让对方产生这种愧疚感就可以了。对方如果不回报你，便会受到良心的谴责。不要觉得自己笨口拙舌，不会说话，就没有办法俘获对方的心。有时候真诚并不光靠嘴说，更需要靠你的手去做。

第03章
学会拒绝技巧：
明确拒绝，巧妙说"不"

　　人的一生中总会遇到让你不忍拒绝的诱惑，碰到难以抗拒的挑战，这时候需要你做的就是大胆说"不"，勇敢说"不"，学会用"拒绝"的智慧去对付它们。虽然有时"不"很难说出口，"拒绝"也可能使你陷入朋友、亲人的误解或者谩骂之中，但是却可以避免让你陷得更深。所以，拒绝虽然不美丽，但是却很实用。而如何让你的拒绝变得"美丽"，如何在适当的时候说"不"，就成了一门学问、一种智慧。

赢在表达

要明确地拒绝，但委婉地表达

<<< 口才实例

有两个女大学毕业生同时到一家大宾馆竞聘服务员。她们的条件都符合酒店的招聘要求，但遗憾的是，这家酒店只有一个空缺职位。经过再三考虑之后，总经理决定让她们两人在酒店实习一周，看她们的表现再作选择。

这天，酒店入住了两位客人，经理让两位女大学生负责接待。第二天早晨，客人退房的时候，第一位女大学生对客人说："您先稍等，我去看一下，看看少东西了没有。"

而第二位女大学生这样说："请您先等一下行吗？我去看一下您是否落下什么东西没有，免得您离开后再返回来。"

她们回到房中检查，很快发现两位客人都带走了浴巾。第一位女大学生来到客人面前说："检查后，我发现您的房间内少了一条浴巾。按照规定，浴巾是不允许带走的。所以，您要按价赔偿，这个钱将在您的住房押金中扣除。"而第二位女大学生则对客人说："您的东西都带全了。我发现您爱用我们宾馆里特制的浴巾。我们非常愿意让客人带走我们的浴巾留作纪念，只是这些物品不是免费的，我们要收取一定的工本费。"

客人走后，第二个女大学生获得了这个职位。

<<< 技巧点睛

相同的话，换一种说法会给别人更加舒服的感觉。遭受拒绝本身就不是一件愉悦的事情，如果在言语上得不到应有的尊重，心理的落差就会加大。所以

第03章 学会拒绝技巧：明确拒绝，巧妙说"不"

在拒绝别人的时候，尽量说得委婉一些，说得含蓄一些，让别人在遭到拒绝后感受到一份温暖，但是一定要把意思表达清楚，以免不必要的麻烦。当然也别把话说得太直，以免让对方下不了台，颜面尽失。那么，究竟如何才能委婉地表达拒绝，又能将意思表达明确呢？

● 尽量少用否定词

一般情况下，否定词直观地表达否定的意思，比如说："不行""不允许"等。在使用了这些词以后，会给对方一种接受命令的感觉。事实上，谁也不喜欢别人高姿态地命令自己。尤其在被拒绝的时候，更加反感。所以，要想含蓄地表达拒绝的意思，又尽可能不伤害到对方的自尊心，就少用甚至不用否定词。比如故事中的第一个女大学生用了好几个否定词，让说出来的话变得生硬，而第二个女大学生基本上没有用否定词，说出来的话温暖得体。

● 站在对方的角度说话

在拒绝别人的时候，一般人都是站在自己的角度上看问题，这样无形之中就和别人形成了一个对抗体。所以，要想委婉地拒绝别人，首先要化解这个强大的对抗体，这时候不妨站在对方的立场上看问题，让别人觉得你是在真心实意地关心他、对他好。这样一来，彼此对抗的情绪就会迅速地化解。故事中的第一个女大学生站在酒店的立场上检查客房，第二个女大学生站在客人的立场上，查看是否落下东西。尽管最终两人都在检查客房，但第一个女大学生和客人之间存在对抗的情绪，而第二个女大学生和客人之间更像朋友。

● 为对方的要求找个理由

被别人拒绝是一件非常尴尬的事情，尤其是在公众场合之下，如果处理不好，往往会让人颜面尽失。这时候，要学会给对方提出这样的要求找个合情合理的理由，让对方明白你的态度和你所要表达的意思。在这个合理理由的引导下，对方找到了台阶下，便会自然放弃要求，心理上得到了很大的平衡。尽管结果是被拒绝了，但是在这个理由的暗示之下，就不会被拒绝带来的心理落差

所伤害。比如故事中的客人偷偷拿走了浴巾,第一个女大学生直接将这事说了出来,让客人非常尴尬,但是第二个女大学生却说客人留作纪念。在这个理由之下,客人自然是"留作纪念"了。

言语柔和,让拒绝不伤人心

<<< 口才实例

小文高三毕业了,本想着高高兴兴地去上大学,可是在报志愿的问题上和妈妈产生了严重的分歧。小文想到北京去上大学,所以想报考北京的院校,可是妈妈却希望她报考省城的大学。

这天,一家人坐在一起讨论小文报志愿的事。妈妈的态度非常坚决,执意要让小文报考省城的大学。她对小文说:"我还是希望你在省城报个好大学,北京实在太远了。人生地不熟,平日里我们也照顾不到你,要是遇到什么事情,谁来帮助你啊!"

小文气呼呼地说:"我就是要报北京的大学,我都这么大的人了,需要你们照顾什么啊?!"妈妈也来了脾气:"好啊,你翅膀硬了,爱往哪飞往哪飞,我以后都不管了!"

就这样,每次一提到报志愿的问题,小文就会和妈妈产生激烈的争吵。眼看着报志愿的日子越来越近了,爸爸看在眼里,急在心里。这天他把小文悄悄地叫进了屋里,叮嘱了几句。第二天,填报志愿的时候,妈妈依然态度强硬地要求小文选择省内的高校。小文一反常态,不再和妈妈顶撞了,而是笑嘻嘻地说:"我亲爱的老妈,我知道你是爱我,疼我,舍不得我离开。但是妈妈,你不能守护我一辈子啊!北京的高校不论是师资力量,还是教学设施都是一流的。再说了,北京的机遇多,对我将来的发展很有帮助啊!"

小文没有和妈妈顶嘴,妈妈想要发脾气也没处可发,再加上小文一番推心

第03章 学会拒绝技巧：明确拒绝，巧妙说"不"

置腹的话，说得妈妈心里暖暖的。她叹了口气说："你说的这些道理妈妈都懂，可是妈就是不放心你，怕你受委屈啊！"

小文眼圈一热，哭了起来。

<<< 技巧点睛

人的情绪是会传染的。当你情绪稳定的时候，对方也会心平气和。当你暴跳如雷的时候，对方也会大发雷霆。所以，当别人态度强硬地要求你做你不喜欢的事情的时候，如果你态度一样蛮横，那么不但拒绝不了别人，还会让对方更加强硬。在这种情况下，不妨用软化的策略。对于你所表现出来的和蔼态度，即使对方是个脾气暴躁的人，也会和你心平气和地交谈。在交谈中，对方明白了你的态度。知道你不肯妥协，自然就会放弃。那么，在用柔软的言语拒绝别人的时候要注意哪些问题呢？

● 要有和蔼的态度

和蔼的态度是柔和地拒绝对方的保证。试想如果一个人的态度不和蔼，又怎么可能和别人和蔼地交谈呢？所以，在拒绝别人的时候，一定要有和蔼的态度。本来别人遭到了拒绝，内心很受打击，如果你的态度不好，则往往会引起不必要的麻烦。你的和蔼态度在一定程度上调动了对方的好情绪。尤其是拒绝领导和上司的时候，和蔼的态度不会激怒对方，不会将请求变为命令。所以，二十几岁的年轻人在拒绝别人的时候，要有和蔼的态度。即使你帮不了别人，也不会影响别人的心情。

● 要记得永远保持微笑

微笑传递给对方的信息是和蔼、可亲。当你在和对方的谈话中始终报以微笑时，即使对方一时情绪失控，也对你发不起火来。相反，你的微笑会让别人觉得不好意思勉强你。即使你想要对别人发火，你的微笑也会抑制你的火气。所以，一脸真诚的微笑是拒绝别人的法宝。二十几岁的年轻人一定要学会微笑，学会用微笑抑制自己的脾气，学会用微笑来拒绝别人。但是微笑并不代表软弱，

 **赢在表达**

在报以微笑的同时，一定要把自己的态度表明，而且暗示对方没有商量的余地。

● 放慢讲话的速度

通常，一个人讲话的速度和情绪起伏是相应的。说话的速度越慢，语气越平缓，语言才会越柔和。说话的速度越快，语气就会越急促。减慢说话的速度能在一定程度上减弱对方的心理抗拒能力，稳定对方的情绪，同时也会给自己一种心理暗示。所以，要想用缓和的策略来成功地拒绝对方，不妨放慢你说话的速度。二十几岁的年轻人更要学会用放慢讲话速度的策略来打乱对方想要要求你的谈话节奏，把整个谈话的主导权牢牢地掌握在自己的手里。

不要不好意思，学会果断拒绝

<<< 口才实例

张茵是高三的学生。由于学习紧张，她常常忙得顾头顾不了脚。这天放学后，她正准备要做作业，邻居刘阿姨过来了，对张茵说："妹子，你能帮我看一下孩子吗？我要抓紧时间做饭，孩子闹得我没法做饭。"

张茵很为难，如果帮助了刘阿姨看孩子的话，当天的学习就会受影响；可是拒绝刘阿姨又觉得特别不好意思，毕竟是邻居，低头不见抬头见。这确实让张茵非常为难，最终她还是拒绝了刘阿姨的要求。刘阿姨气呼呼地走了。

从那之后，张茵时常觉得自己伤害了刘阿姨，对不起刘阿姨。这种愧疚感让她寝食难安，严重地影响了她的学习和生活。张茵的奇怪表现引起了班主任的注意，他单独找张茵谈话，当他得知张茵因为拒绝帮助刘阿姨，而陷入愧疚自责的心理困惑中的时候，对她说："其实，你大可不必为拒绝帮助刘阿姨而深感愧疚，因为你有自己的事情要做啊。每个人都爱自己胜过爱别人，当完成了自己的事情之后，才会考虑去帮助别人，所以你做得没有错。"

第03章 学会拒绝技巧：明确拒绝，巧妙说"不"

听了班主任的话之后，张茵的心结终于解开了。

<<< 技巧点睛

拒绝别人，意味着伤害了别人的心，这给很多人带来了内心的愧疚，尤其是一些刚进入社会的年轻人，往往为此而困扰。事实上，没有什么不好意思的。帮助别人的前提是自己有这个精力，而且不影响正常的工作和生活。如果一味地为了帮助别人，不懂得拒绝，这样尽管成全了别人，却委屈了自己。所以，二十几岁的年轻人对此要有正确的认识，要学会拒绝别人。那么，如何才能克服"不好意思"的心理呢？

● **树立正确的意识**

在社交的过程中，要树立正确的意识，要明白自己有应允别人的权利，同样也有拒绝别人的权利。这种权利本身没有好与坏、对或者错的区别，也没有应该或者是不应该。所以，你拒绝了别人，不用承担过多的道德的压力。当然，这是在不违背社会道德和公众利益的前提之下。如果你不喜欢或者是不愿意，那么就要理直气壮地拒绝对方。当然，在拒绝的时候要采取一些必要的措施，把给对方带来的失望和遗憾减少到最低。你要明白，你只能减少这种伤害，否则你就会伤害自己。

● **不要太在意别人的想法**

人有个特性，那就是忠于自己，所以更在乎自己的想法和感受。在社交活动中更要想方设法保护自己，维护自己的利益。如果别人提的要求超过了自己的能力范围，或者是要自己付出时间和精力，而又得不到相应的补偿，那么无意之中就损害了自己的利益。在这种情况下，就要拒绝对方。在拒绝的时候，不要太在乎别人的想法和感受。太在乎别人的感受，就会忽略自己，就会委屈自己而成全别人。事实上，这会让你更加难受，因为违背了你的意愿。所以，如果你不喜欢，或者不愿意，那么就要果断地拒绝，不要害怕和担心别人怎么想。

● 要学会换位思考

在大多数情况下，一个人很少对某个人做的一件无关自己痛痒的事情一直耿耿于怀，因为每个人更加在乎自己，更加关注对自己有影响的事情。所以不必为拒绝别人而感到不好意思，说不定你拒绝了对方，别人会找到另外的人帮忙，或许结果比你帮忙要好得多。你拒绝了别人，担心别人会说你"自私"，说你"不近人情"，或许对方根本就没有这么想呢。再说每个人是为自己活着，不是为了别人活着，所以不要有"不好意思"的想法，勇敢地说出"不行"或者是"我不同意"等，让对方尽快作出别的选择。

在拒绝的时候做到不伤害对方

<<< 口才实例

小汪的孩子得了急性阑尾炎，可是一时半会儿凑不够那么多钱交医药费，情急之下，小汪敲开了邻居刘阿姨家的门。

小汪不好意思地说："刘阿姨，我有个急事需要你的帮助。"

刘阿姨满脸堆笑地说："哎哟，低头不见抬头见，大家都是老邻居了，有什么事你就说吧。"

小汪说："我的孩子病了，急性阑尾炎，需要马上动手术，可是我手头没有那么多的现金。您要是方便的话先借给我2000元，我明天立即还给您，您看行吗？"

一听到要借钱，刘阿姨的笑容顿时僵在脸上，还没等小汪说完，就迫不及待地回了一句："我们家没钱。"

小汪尴尬地站在门口不知所措，脸上一阵发红。刘阿姨把小汪留在门口，回到沙发上继续看电视去了。无可奈何的小汪只好到楼下王大爷家借了2000

第 03 章　学会拒绝技巧：明确拒绝，巧妙说"不"

元交了住院费。

从那以后，小汪再也没有和刘阿姨说过一句话。

<<< 技巧点睛

任何人都不喜欢遭受别人的拒绝。因为在请求之前，心里有很强的希望应允的期待。当遭受拒绝之后，这个期待落空了，就会遭受巨大的心理创伤。随之而来的便是难受，自尊心受到践踏。在这种心灵的伤害之余，便是对拒绝者的抱怨，甚至憎恨。但是，有些人在拒绝了别人之后，却能让对方感激，这到底是为什么呢？因为他们在拒绝别人的时候，注意了忌讳，没有伤害到别人的尊严。那么，在拒绝的时候，到底如何做才能不伤害对方呢？以下几点，值得二十几岁的年轻人学习和借鉴。

● 不要当场拒绝

在拒绝别人的要求或者是请求的时候，等对方把话说完之后，要向对方提出要一定的时间来考虑，这样会给对方一种受重视的感觉。即使后来还是拒绝了对方，但是在别人的心里，你是经过慎重考虑过的，不是草率决定的。即使在听到对方的要求时就知道自己不会答应，也不要直接拒绝，要向对方要一定的时间。这个时间段实际上是人心理的缓冲带，尽管最终被拒绝了，但是答应考虑本身就是一种应允。对方内心深处会依然感激你、尊敬你，依然把你当作朋友。比如在街上发宣传页的人，尽管知道你接受资料并不一定选择合作，但是如果你接受了，就是给对方的一种鼓励。同样的道理，你向对方要时间来考虑也是一种对对方的支持。二十几岁的年轻人，在你们遇到自己不能满足的要求时，一定要表示拒绝，但向对方讨要一定的时间，给对方应有的尊重是必要的。

● 切忌拖泥带水

有一些人在拒绝了别人之后，内心深处总感觉愧对他人，觉得亏欠别人什么。在他人的软磨硬泡之下，态度就会缓和，意念就会有所动摇。这样会给对方一种错觉，觉得你是默许了，而实际上你并没有答应对方什么。接下来，别人始终对你抱有幻想，始终觉得你应该能答应。浪费了大量的时间和精力，结果还是被你拒绝了。可想而知，对方有多么生气，对你有多么憎恨。因为在这个过程中，如果你的态度再明朗一些，或许对方会找到新的人选，或许在这段时间内，别人已经完成了所嘱托你的事情。结果你模棱两可的态度贻误了别人，带给别人比拒绝更加让人无法忍受的伤害。年轻人要作决断的时候要果断一些，不要拖泥带水，要知道你的善良会害了别人。

● **忌讳第三者代拒**

在不愿意答应别人的请求时，要告诉对方，最好是自己来表达拒绝的意思，切忌让第三者代为转达。有些人心地善良，胆子小，不好意思当着对方的面来拒绝。实际上，这样会给对方一种不受尊重的感觉，觉得你架子很大，没有诚意，同时对方还会怀疑，你是否真的是拒绝？是否有别人指示你拒绝？所以，在表达拒绝的时候，最好是自己出面告诉当事人，表明你的态度和立场，这样就避免了很多不必要的麻烦。对方受到了应有的尊重，内心也不会再犯嘀咕。如果一个人害怕拒绝别人，害怕伤害别人，那么这个人永远也不会长大。二十几岁的年轻人在走向成熟前，一定要先学会拒绝别人。

在谈判中使用拒绝术的方法

<<< 口才实例

邵宇是某钢材公司的销售员，他代表公司和一家建筑企业就采购建筑钢材进行谈判。

在谈判中，对方对邵宇所在公司提供的钢材质量非常满意，对他们的合作方案也很欣赏，只是在价格的问题上，双方存在着极大的分歧，谈判一度陷入了僵局。对于邵宇所在公司开出的价格，对方觉得太高，承受不起。随即对方报了所能承受的最高价格。

听了对方的价格，邵宇觉得非常好笑，这个价格还低于公司的生产成本呢。他轻松地说："可以啊。"

对方公司代表一听，喜上眉梢，拿出合同，推到了邵宇的面前。邵宇瞥了一眼，继续说："但是，我们以这样的价格合作了，你们要为我们提供衣服和食物，总不能让我们的员工饿着肚子为你们干活吧。"

对方代表这才明白过来，原来邵宇在嘲笑他们开的价格过低呢。

<<< 技巧点睛

谈判就是一场博弈，当对方的要求能满足自己的利益的时候，当然要应允。但是，当对方提出的要求或观点与自己相反或相差太远时就需要拒绝。但是拒绝的时候如果不注意，就会伤害对方，导致合作的失败。所以，在谈判中，一定要审时度势，该拒绝的时候一定要拒绝，该妥协的时候一定要妥协。关于谈判中拒绝的问题，有以下几点值得借鉴和学习。

● **拒绝的时候要带点幽默**

谈判是非常严肃的事情，可以说是没有硝烟的战争。其中的争斗是难免的事情，当然拒绝和妥协也是避免不了的事情。当对方所提出的要求远远达不到自己的期望的时候，就要拒绝对方。由于双方都存在备战的心理，所以神经绷得很紧。如果态度过于严肃，就会让双方的谈判陷入僵局。这时候不妨在拒绝的时候带点幽默，通过玩笑的形式告诉对方他们的要求是多么得不合理。这样既缓和了双方备战的紧张氛围，也给紧绷的神经松了绑。因为是开玩笑，对方也不会太在意，自然也不会伤害到对方。所以，年轻人在社交的时候多注意，如果不能接受别人的要求，那么不妨开个玩笑，让对方明白你的意思，避免双方因为拒绝而陷入尴尬。

● 要适当地转移注意力

谈判的双方在一个问题上不停地纠结，而且似乎都触到了底线的时候，如果对方提出的观点还不能被自己接受的话，不妨把谈话的注意力移开。你把话题移开，意味着不想再谈，对方自然明白你无法接受他们的建议。这样不用直接向对方说出"不"字，又能很好地把拒绝的意思表达出来。如果对方非要问出个结果，那么不妨直接说："这个问题暂且放下，我们谈下一个问题。"这样没有拒绝，也没有应允。当过一段时间，再次谈起的时候，对方对这个问题的注意力没有先前那么专注，自然意志也没有之前那么坚定了。所以，如果你不愿意答应对方的要求，那么转移话题是个不错的选择。

● 要学会曲线补偿

往往谈判的双方各执己见，谁也不肯让步。谈判陷入僵局时，你可以采取曲线补偿的方式，先对不合理的建议表示接受，然后再建设性地提出补偿的方法。尽管表面上看起来，似乎对方占据了上风，但实际上曲线补偿之后，自己并没有损失什么。既然自己作出了让步，对方也会适当地妥协，这样就会使合作顺利地进行下去。尽管变了个花样，但是对方依然付出了同等的代价。所以，相比直白的拒绝来说，曲线补偿更能促进双方的合作。

● 用不可能的事实来否定

在谈判中，如果对方所提的要求非常过分，那么不妨举一些不可能的事情来表达不满和拒绝。比如说："对不起，我们接受不了你的意见，除非我们采用……"当然后面所提及的情况是绝对不可能成立的。在不可能的事实面前，对方也不好意思再坚持。所以，在谈判过程中，如果觉得对方的意见和建议很离谱的时候，不妨把对方的意见和有违常理的事实结合在一起，用事实的不可能性反过来证明他们所提的要求不合理。

第04章
用倾听表达尊重：
学会适时沉默

　　沉默可能比聒噪更有力量。倾听往往比雄辩更有用。认真地把对方所说的话听完，既是对别人和自己的尊重，更是一种必不可少的沟通技巧。由于按捺不住激动的心情，无礼地打断了别人没有说完的话和没有发表完的意见，其结果往往只能是断章取义，最终闹得不欢而散。即便说话的人有千般怒气，但只要看到你在很真诚地倾听，他还有什么理由大发雷霆呢？所以在成为一个优秀的谈话者之前，应该先做一个称职的倾听者。

赢在表达

恰当地插话可以避免冷场

<<< 口才实例

王瑜和刘淇是大学同班同学,两人关系非常要好。在校期间,王瑜得到了学校的重用,当上了学生会的主席,而刘淇也很努力,但是最终却被学校领导拒之门外。按理说,两人性格都很开朗,刘淇的社交能力更强。可是为什么王瑜更受欢迎呢?归根结底,是刘淇不懂得倾听。

有一次,王瑜和刘淇一起去找系主任办事,刚好事情也不是很急,于是系主任便和他们聊了起来。当谈到了家庭和孩子的时候,系主任滔滔不绝地说起了自己的妻子和儿子。刘淇时不时打断系主任的话询问和发表意见,这让系主任明显不悦。而王瑜则静静地在倾听,当谈话被刘淇打断的时候,及时提问,将系主任的热情再度调动起来。

不久以后,学校在各系院选拔学生会主席,刚好系主任负责本系代表的选派,在一大堆名单中,系主任挑出了王瑜的名字,报给了学校。最后,王瑜当上了学校学生会的主席。

<<< 技巧点睛

众所周知,在对方谈话过程中随意打断是很不礼貌的行为,这在一定程度上打断了别人交谈的热情。但是,在双方的谈话过程中,如果始终保持沉默,也会让别人失去谈话的热情。毕竟交流是双方情感的沟通,别人需要你的反馈。在双方的谈话过程中,到底该不该插话呢?答案是肯定的,但是插话也有一定的技巧。懂得插话的人会让谈话更加融洽,而不懂得插话则可能惹怒对方。那么,

第 04 章　用倾听表达尊重：学会适时沉默

插话到底有哪些技巧呢？

● **插话要把握好时机**

在双方谈话的过程中，适当地插话可以使谈话更加融洽。所以插话一定要把握好时机。一般情况下，在对方陈述的间隙，适当表达自己的观点。每个人都希望引起别人的注意。当对方担心你对此不感兴趣，有些犹豫和为难的时候，要适当地表达自己的感觉。比如："你能谈谈那件事吗？我不十分了解"或者是"请你继续说"等，这样可以消除对方的犹豫。当对方心烦、愤怒、控制不了情绪的时候，可以用一两句话来适当地加以引导，比如："你一定感到很气愤。"把对方内心深处的情感"诱导"出来，让对方适当地发泄。当对方急切地想要得到你的理解和认可的时候，你不妨用一两句话来概括对方的含义，如："你的意见是……"

● **插话不要跳出谈话的主题**

在插话的时候，所说的话要在谈话的主题之内，不要说一些不着边际的话。如对方在谈论他的孩子多么调皮，你可以插话说："孩子很活泼。"或者是"孩子嘛，都是这样的"等。这样别人会觉得你在认真倾听，谈话的热情就会增长。切不可对方说的是这次考试，而你插话又提及去年的那场大雨。这样一来，会给别人一种错觉，认为你对谈话的主题很不感兴趣，没兴趣倾听对方。当对方的头脑中有了这种意识之后，谈话的热情就会顿失，对方会很快选择结束谈话。

● **插话要顺着对方的情感**

一般情况下，对方向你倾诉，谈话中都会带有很强的情感色彩。要么是夸耀自己的得意之作，要么是炫耀自己的地位和儿女。当你听到对方在炫耀的时候，一定要给予赞誉，把你的羡慕和钦佩表达出来，这样会让对方满足内心的虚荣。如果你觉得这样有拍马屁的嫌疑，那么至少应该表示你的认可和肯定。千万不要提意见和建议，对方需要得到的是肯定，不是在征求你的意见。如果对方在倾诉烦恼和痛苦，插话的时候也要和对方的情感一致。如对方很痛苦，

你插话的时候也要把这种痛苦表达出来,让对方感觉你是在和他一起分担。这时候,最忌不痛不痒的表态或者幸灾乐祸。所以插话的时候,一定要把握准对方的感情基调。

● 插话时不可喧宾夺主

每个人都有很强的表达欲望,希望别人更加关注自己。所以,在对方谈话停顿的时候,很多人都觉得好不容易得到机会得以展示自己了。于是不管对方的谈话是否结束,也不管对方愿不愿意听,就打开话匣子,滔滔不绝倾泻而来,让对方不知所措,觉得不被尊重受到了严重的侵犯。所以,在倾听对方谈话的过程中,一定要明确自己是个倾听者。除非到了无话可谈的时候,否则不要擅自启动另外的话题,要让对方完整地表达完自己的情感,并且在这个表达过程中得到你的情感共鸣。只有这样,你的倾听才有意义。

倾听时的回应,是对他人的尊重

<<< 口才实例

薛娜是个非常文静的女孩子,由于性格内向,总是害怕和别人接触,所以身边的朋友也不是很多。

一天傍晚,爸爸妈妈都出门去散步了,薛娜一个人在家里看电视。突然门铃响了。薛娜打开门一看,原来是爸爸的老朋友前来串门了。薛娜把客人让到了屋里,上了茶水。之后她给爸爸打电话,可是爸爸的手机偏偏这时候关机了。没办法,她又给妈妈打电话,可是妈妈的手机一直在通话中。这可急坏了薛娜。有客人到访了,总不能让人家干坐着吧。

情急之下,薛娜说:"叔叔,你先坐着,我爸爸的手机不知道怎么关机了,我下楼去找找。"客人笑呵呵地说:"也没有什么重要的事情,别去找了,我

第04章 用倾听表达尊重：学会适时沉默

等一会儿。"薛娜本想借这个机会离开，没想到客人却把她留了下来。

一时半会儿，薛娜不知道该如何是好。好在客人是个非常健谈的人，这让薛娜稍稍平静了一些。可是刚刚过了5分钟，气氛再次陷入尴尬。原来客人尽管健谈，但是面对薛娜的默不作声，觉得特没意思，也就不再说话了。顿时，室内的空气像凝固了一样。

半个小时过去了，爸爸还没有回来，客人起身告辞了。

<<< 技巧点睛

每个人说话的时候都希望对方认真地听，因为只有对方认真听了，你才觉得说得有意义。那么，想要告诉对方你的态度很认真，除了仔细聆听以外，还要给对方一定的回应。交流是个互动的过程，对方传达了他的思想和情感，希望得到你的认可和肯定，适当地回应就能满足对方的这种心理需求。对方得到了支持和鼓励之后，才会有继续说下去的信心。所以，在与人交流的过程中，适当地回应对方很有必要。那么，在回应的时候要注意哪些问题呢？

● **要保持和对方眼神的交流**

和别人交流的时候，要保持和对方眼神的交流。通常情况下，人的注意力在哪里，眼神就会落在哪里。如果你在和别人的交流过程中，眼神到处游走，则会告诉对方，你对他的谈话很没兴趣，渴望早点结束。而看着头顶和看着脚下，也能传达这样的意思。所以，谈话的时候，眼神一定要集中在对方的身上。当然也不能直勾勾地盯着对方看，尤其是和异性交流的时候，盯着对方的眼睛看会诱惑对方，传达错误的信息。同时，也不能在对方身上到处游走，让对方觉得你很没有修养。一般情况下，和对方交谈的时候，眼神应该扫视对方两条眉毛的交界处，不宜目不转睛地盯着看，这样会表达出质疑对方的神情。

● **要在适当的时候点头微笑**

对方陈述了自己的想法和看法，希望得到你的认可和肯定，这时候都会对

你有一种期盼的眼神。所以在和对方的交流过程中,如果发现对方有期盼的眼神,那么不妨习惯性地点一下头。这样,对方的心理期待就会得到满足,就会继续往下说。即使你并不同意对方的想法,在这个时候也千万不要抬杠,事实上对方只需要你的倾听,并不需要你的建议。除非对方真诚地问你,否则不要轻易地发表自己的意见和建议。如果你非要把自己的想法和看法表达出来,那也要等对方表达完了,在马上要结束谈话的时候告诉对方。这时候,对方的心理已经得到了满足,对于你的意见也会考虑和接受。

● 说话的时候简单扼要

有时候,对方说了很长的时间,觉得有些累了,这时候有可能对方会征求你的意见和想法。这时候一定要注意了,要清楚对方才是这次谈话的主角,发表看法的时候一定要简单扼要,用最少的言语把自己的想法和看法表达清楚就行了。切不可喋喋不休,说个没完没了。说不定对方只是阶段性地征求你的意见,之后还有很多的话要说呢。结果被你垄断了说话权,对方想要表达的东西没表达出来,试想对方能高兴吗?若你在发表意见的时候,冷不丁把不住口,说几句和对方意见相悖的话,惹恼了别人,不但给不了别人尊重,还因此而得罪了人。

用心倾听,听出话外之意

<<< 口才实例

小赵学习非常刻苦,在高考中考出了优异的成绩,被北京大学录取了。一家人非常高兴,但是很快又陷入烦恼中,原来小赵的父亲去世得早,全凭母亲辛苦地操持家务,来支持小赵读书,家里穷得快揭不开锅了,哪里还有钱供他读大学啊。

第04章 用倾听表达尊重：学会适时沉默

眼看着开学的日子一天天到了，全家人乱得一团糟。为了不让小赵辍学，母亲向亲戚朋友借钱，受了不少风凉话和白眼，可是依然还差500元。第二天就是开学的日子了，小赵硬着头皮来找他的舅舅。

进了舅舅的家门，还没等小赵说明来意，舅舅就开始哭穷："最近家里总是不顺，你舅妈住了一次医院，花去了我两万多，再加上你那个不争气的弟弟又和别人打架，被逮到了派出所，交了五千多元的罚款。现在又要开学了，昂贵的学费又是我的心头病啊！"说完后，舅舅问："家里都还好着吧，没什么事吧？"

小赵听出了舅舅的话外之意，说这么多就是想表达现在手头没钱。他说："没事，我就是来看望一下舅舅，有一段时间没有见到舅舅了，挺想你们的。"说完后，小赵没再说什么，找了个借口，连饭也没吃，就匆匆地离开了舅舅家。

<<< 技巧点睛

俗话说"打鼓听声，说话听音"，有些时候碍于面子，有的话不方便明说，但是又不能不表达的时候，很多人往往采用含蓄和委婉的表达方法。所以，在倾听别人说话的时候，要多留意对方每一句话的所指。尤其是对方着重强调的地方和说出来的话，这样才能通晓对方的心事，了解对方的意图。二十几岁的年轻人逐渐地步入社会，更要学会听懂话外之意，这样才能在人际交往当中如鱼得水。那么，到底如何才能更好地听懂别人的话外之意呢？

● **扩大阅读面，多储备知识**

一般情况下，知识储备越多，越能洞察人心。这是因为很多时候，话外之音多是通过一些言辞隐含表达出来的。这些隐藏的信息大多数情况下都是丰富的历史和人文知识，不了解这些知识，当对方有所指的时候，你就会不知所云。如别人说"挥泪斩马谡"，对方已经把自己的所思所想全部表达了出来。如果你不了解相关的典故，就不知道对方在说什么，更不明白对方的心思和将要采取的措施。由此可见，掌握了丰富的知识，在一定程度上，才能听明白话外之意，迅速洞察对方的心思。

● 多参加实践，接触现实生活

说话是为了交流，要交流就离不开人群。所以，要想听懂言外之意，就要多参加实践，多接触现实生活。实际上，很多知识都是来自生产劳动。多参加劳动实践，能学到书本上没有的很多知识和道理。如有人说："我怎么觉得你这人长了一个斑马的脑袋呢？"实际上这是在夸你口才好，因为"斑马的脑袋——头头是道"。如果你不了解这些知识，可能会觉得别人在骂你呢，因为把你跟马相提并论了。所以，要多接触社会，在社会这个大熔炉中汲取营养。洞察的世事越多，你就会越能了解别人的心思。

● 多动脑筋，多思考

事实上，并不是所有的话外之音都是有积淀的。很多时候，别人并没有用典故和双关等知识，而是就事论事。这时候一定要多动脑子，多思考。比如"指桑骂槐"，尽管表面上看起来目标是桑树，可是实际上却是槐树。如果不动脑子，不分析，不思考，就不会懂得对方真正的意图所在。所以，在和别人的谈话中，要尽量多搜集对方的话中与自己有关的信息，在这些信息中判断对方的意思。一般情况下，人的言语能掩饰，但是情感却掩饰不了。所以，在关注对方言语的同时，感受对方情感变化，对于洞悉话外之意也有很大的帮助。

倾听要客观，不带感情色彩

<<< 口才实例

刘宇和王小慧平日里一起上学，一起回家，关系特别好。有一天，王小慧哭丧着脸来找刘宇。原来王小慧和男朋友吵架了。

第04章 用倾听表达尊重：学会适时沉默

在刘宇面前，王小慧一个劲儿地骂男朋友，说他花心，说他欺负自己了。刘宇听后，替王小慧打抱不平，随即也说了几句指责王小慧男朋友的话。谁知，当天下午，王小慧和男朋友和好如初了。王小慧一五一十地把早上发生的事情告诉了男朋友。由于双方是恋人，况且又在闹情绪，男朋友自然没有在乎王小慧的发泄。但是对刘宇的指责，却记在了心里。

之后，当刘宇和王小慧在一起的时候，王小慧的男朋友就会迅速地前去把王小慧带走。起初刘宇也觉得没什么，毕竟人家是恋人。可是时间一久，刘宇也感觉到了，王小慧的男朋友很讨厌她。

王小慧的生日那天，她的男朋友在喝酒的时候开始为难刘宇，非要逼着刘宇跟他比酒量。刘宇是一个女孩子，哪能喝得过他啊。结果刘宇喝得大醉，并因此住了一回医院。从那之后，刘宇渐渐远离了王小慧。

<<< 技巧点睛

每个人都有自己的意识，对所见所闻都有自己的判断和定位，基于人的这种特性，往往很多时候都会发表自己的意见和看法，在这些意见和看法中，更多的时候会夹杂着浓厚的主观情感色彩。这些主观色彩在与被评论者的感情相一致的时候，就能拉近彼此之间心灵的距离。如果不一致的时候，就会因此而得罪别人。所以，在聆听别人说话的时候，最好不要表达你的感情色彩，尤其是和对方的想法与看法不一致的时候，主观色彩往往会暴露你的态度和看法。由此可见，不带感情色彩是掩饰自己的好办法。那么，在谈话的时候，如何才能不带感情色彩呢？

● 把自己的角色定位为旁观者

在大多数的情况下，当对方和我们交流的时候，如果说出的想法和观点与我们不一致的时候，往往会有一种冲动，那就是想要证明自己是对的，别人是错的。在对与错、是与非的判断过程中，往往会夹杂着个人的主观情感。事实上，每个人的思想不一样，对问题的看法也不一样，为什么一定要统一

思想呢？为什么一定要说服别人呢？根本没有这个必要。所以，在听到别人和自己有不同的意见的时候，不妨一笑而过，把自己的角色定位为一个旁观者。当你明白自己是一个旁观者的时候，你就不会为了一个没有实际意义的概念和别人争吵。

● **管好自己的嘴巴，不要乱发评论**

很多时候，人总是喜欢炫耀，总是希望引起别人的注意。所以，在听到与自己的看法和想法不一样的观点时，就会指责这个，批评那个。在聆听对方谈话的时候，也会时不时地打断对方的谈话，与之辩论，事实上这是要不得的。这样做不但让对方感受不到应有的尊重，即使你把对方辩倒了，你赢了，对方也不会服你，相反还会因此而得罪别人。如果你觉得对方的观点很精彩，那么你可以点头微笑，表示支持和肯定。如果你觉得对方的观点有问题，那么你可以给予微笑，并且保持沉默。你一定要管好自己的嘴巴，不要随便去发表评论，也不要轻易地表明态度。

● **控制好自己的情绪**

在与对方交谈的时候，你一定要控制好自己的情绪。听到自己喜欢和肯定的想法时，不欢、不呼、不喜；听到自己讨厌和否定的说法时，不悲、不愤、不怒。每个人都有保持自己想法的权利。即使是错的，那也是自己的。别人的想法和观点对与错，与你没有多少实际的关系。不要忘了自己是一个聆听者，是一个学习者。你改变不了别人，别人也改变不了你。所以，在倾听别人说话的时候，不要轻易带有主观色彩，不要把你的感情流露出来。

● **尽量用中性词**

如果对方发表完了自己的看法和想法，想要征求你的意见时，那么你说话的时候可多用一些中性词，少用一些带有感情色彩的词。这样既表达了自己的观点，也不会得罪别人。

第04章　用倾听表达尊重：学会适时沉默

立场客观，不偏听一家之言

<<< 口才实例

小汪想给自己买一台电脑，但是他对电脑可以说是一窍不通。为此，他特意让自己的好朋友小华一起前往。小华是专业搞设计的，所以对电脑的要求非常高。在他的建议和参谋下，小汪买了内存8GB的设计师专用电脑。

可是，买了之后，小汪就觉得有些后悔了。因为他买电脑并不是搞专业设计，不需要大内存，大内存对于他来说没有任何作用。并且由于他在做销售，需要经常出门，台式机根本用不上。电脑买了之后，一直在家当供品，没有起到一点儿作用。

为此，小汪非常后悔。他觉得当时要是再咨询几个朋友的话，或许不会犯这样的错误。

<<< 技巧点睛

每一个人站的角度不同，所持有的观点和看法也不相同，可能从你的立场和角度上看是正确的，是最好的，但是从别人的角度上看有可能是最糟糕的。所以，在你倾听别人意见的时候，最好多找几个人，多听听从不同角度、不同立场出发的各种想法和看法，然后综合利弊，再作决定。这样一来，你作的决定比较理性化。如果仅仅听一个人的建议，那么可能最后的决定对他来说是好的，但是对你来说并不适合。在倾听不同人的意见时，要注意哪些方面呢？

● 态度一定要谦逊

在向别人征求意见的时候，你的态度一定要谦逊，要摆正自己的位置。别人说得对还是错，好还是不好，都要认真地听。对于对的看法和想法要及时地吸收，好的建议和意见要及时地采纳。即使别人给的建议对于你来说没有多少实际的意义，也要真诚地表示感谢。毕竟对方给你提建议就是尊重了你的请求，千万不要因为对方没有帮助到你而心生怨气。更不可以因为对方说话不怎么好听而打击和报复，说不定对方所提的建议和意见正是你需要的呢。

● 综合利弊作决定

别人给予了你建议和意见，究竟该怎么抉择还需要你自己拿主意。没有哪个人的意见是十全十美的。有些人的意见可能是利大于弊，而有些人的意见可能是弊大于利。甚至有时候，站的角度不相同，利弊也会相互转化，所以需要你综合利弊作决定。比如说上大学到底是去大城市好呢，还是在小城市好呢？大城市消费水平高，但是将来找工作的机遇多，小城市消费水平低，但找工作的机遇少。如果你想要实现宏图大业，那么去大城市利大于弊，在小城市弊大于利。如果你更加趋向于过安稳的生活，那么大城市弊大于利，小城市利大于弊。所以，要明确自己的真实需求，然后作综合的利弊考虑。

● 多听听不同的意见

人有趋众的心理，当某一个意见支持的人多时，为了避免自己被孤立，就会放弃自己的观点，附和别人。所以，在倾听别人意见的时候，要多留意那些发表不同意见的人。多听听他们的声音，多考虑一下他们的建议。他们之所以有不同的想法，是因为他们站在独特的角度上看问题，或许这些角度正是大多数人所忽视的。尽管他们的见解可能不是最好的，但是却能帮助你在作抉择的时候考虑得更加全面。

第 05 章
用提问表达想法：
让彼此更了解的说话技巧

在很多时候，提问是开启谈话对象的金钥匙。大多数的交谈，尤其是陌生人之间的交谈，基本都是以问话方式开始的。有时候，一个好的提问可以变被动为主动，可以出其不意，取得良好的效果。所以只要你掌握了一定的问话技巧，能足以应付各种各样的人，因为即使你不能回答对方，那你还可以设法一直提问。总之，问话是打开交谈之门的最好办法，而在问话时如何让所提的问题既有力度，又不失礼，如何让问题切中要害并无往不胜才是提问的关键。

赢在表达

把不会回答的问题抛回去

<<< 口才实例

1972年5月,美苏在莫斯科举行首脑高峰会谈。27日凌晨一点,美国前国务卿基辛格在莫斯科访问过程中,向随行的美国记者介绍美苏关于签署限制战略核武器四个协定的会谈情况。基辛格微笑着向记者透露说:"苏联生产导弹的速度,大约是每年250枚。"这时,无孔不入的美国记者马上敏捷地接过话头,试探着想问一下美国的军事秘密,说:"那么现在我们的情况呢?我们美国有多少潜艇正在配置分导式多弹头导弹?"

基辛格耸耸肩膀,摇摇头说:"我不确切知道正在配置的分导式多弹头有多少。至于潜艇,我的苦处是,数目我是知道的,但我不知道它们是否是保密的。"

记者接过话头说:"不是保密的。"

于是基辛格反问道:"不是保密的吗?那么请你告诉我是多少呢?"

发问的记者顿时愣住了,只得不好意思地一笑了之。

<<< 技巧点睛

在这个案例中,基辛格想避开记者的追问,佯装不知道潜艇数量是否保密,他似乎是在迎上前去暗示记者:如果不属于保密之列,将公诸新闻界。急于抢新闻、争时效的记者不知是计,连忙告知:"不是保密的。"他们以为这样一来,基辛格便会和盘托出。岂料基辛格是在虚晃一枪,他留给记者一个大难题:

第05章 用提问表达想法：让彼此更了解的说话技巧

既然你们说不是保密的，那就是公开的了，既然人所共知，那么就让消息灵通的记者自己来回答这个众所周知的数字吧！当记者为这个突然来临的"难题"不知所措时，基辛格就可以不用回答这个保密的问题了。有时候，当你不知道该怎样回答别人的提问时，你可以反过来问他，这样就能把你解救出来。那么，到底如何才能更好地应用反问呢？

● 反问必须方法得当

有时候我们在和别人交谈时，进行反问并不失礼，但必须方法得当。如果说你惊奇地反问"咦？"或者回答"哦？"等不确定的反问语气时，对方一定会有被怀疑、不被信任的感觉，所以会对你的印象不佳。如对方讲话你没有听明白，或者对方向你提出的问题你不懂的时候，你就可以反问对方"你怎么看这个问题？"或者"你认为结果会是怎样的呢？"等一些反问的话。当你用这样得当的反问把对方踢过来的"皮球"再踢回去的时候，对方也一定会真诚地回答你反问的问题。

● 反问可以适当幽默

幽默的形式是轻松愉快的，和幽默的人交谈也是充满快乐的。你在反问时用上幽默的词语，不仅能回答对方的提问，而且还能而使人感到活泼、轻松、快乐、滑稽、诙谐或优美。

在北京奥运会开赛前，就有消息传出，这也许是姚明最后一次代表国家队出战奥运会。虽然在比赛中姚明非常拼命，但还是不能力挽狂澜，最后中国队还是第八名，没能突破历史。在记者招待会上，当记者问到姚明是否会就此退出国家队时，姚明先半开玩笑地反问道："我那么老吗？"一句幽默的反问赢得了记者的掌声。

因此，当你遇到不想直接回答的问题时，适当用幽默的反问去应答，不仅给出了答案，而且还营造了一种轻松的氛围。

避免提出一些无效的问题

<<< 口才实例

小黄是某高校本科毕业生。这年他申请出国留学，通过了学校的审批。

来到美国后，他结识了一个好朋友彼得。两个人经常一起学习，一起踢足球打篮球，就连课题研究也是一样的。但是最近两个人却发生了一次不小的争吵，给两个人的友谊蒙上了阴影。

原来有一次，小黄关心地问彼得："你家里有几口人啊？"

彼得一听，厌烦地说："这是我的秘密，不能告诉你。"

小黄觉得不可思议，生气地说："我这是在关心你，关心你的家庭。你怎么不识好人心呢？"

彼得也生气了，他说："你们中国人难道对别人的家庭就那么感兴趣吗？"

小黄气愤地说："我关心你一下，你怎么扯上中国人了？中国人哪里得罪你了！"

彼得大声说："我不讨厌中国人，但我讨厌你！"说完头也不回地走了。

从那以后，小黄和彼得很少说话，两个人见了面也是扭头就走。

<<< 技巧点睛

向对方提问，一定要注意，不要问没有意义的问题，否则会引起对方的厌恶。可能你是在关心对方，但是有个前提，那就是对方是否需要你的关心。如果对方不需要，那么你的关心就会给对方带来压力。同样，在提问的时候，要想清楚，对方是否愿意回答你的问题。如果你觉得对方不愿意回答，那么你的提问根本

第05章 用提问表达想法：让彼此更了解的说话技巧

没有任何意义，还会让对方觉得你很无聊。所以，在提问的时候，一定要避免提一些无效的问题。那么，怎样才能避免提无效的问题呢？

● **提问要有针对性**

在向对方提问的时候，一定要有针对性，不能眉毛胡子一把抓。要根据对方的年龄、身份、文化素养和性格来提出不同的问题。比如对小朋友可以问："你今年几岁了？"但是对于老人就不能这么问。对于中国人，询问对方的家庭、收入等都表示关心，也是对对方的尊重。但是如果这样问一个美国人，则会引起对方的厌恶，他们觉得你是在打听隐私。所以，要针对不同的情况用不同的方式来询问，这样才能维持良好的人际关系。如果不了解对方的实际情况，最好不要盲目地提问，否则会给自己带来不必要的麻烦。

● **要照顾对方的心理状况**

在提问的时候，一定要照顾对方的心理状况。比如对方高兴的时候，可以询问："什么事让你这么高兴啊？"对方在兴头上，自然愿意跟你分享快乐。如果对方受到了巨大的刺激，悲痛欲绝。这时候你如果问："怎么了？什么让你这么难受？"对方本来就难受，你的询问无疑加剧了别人的痛苦。所以，在询问的时候，一定要看对方的心理状况。对方心情好的时候可以询问，分享快乐。对方心情不好的时候，也可以询问，可以分担痛苦，但是仅限于关系比较好的朋友之间。如果关系没有达到一定的程度，贸然询问，不但得不到对方的肯定，反而还会成为对方的出气筒。

● **要选择合适的话题**

话题是两个人交流的载体。在试图了解对方的时候，询问是一条很快的途径。但是询问的时候，一定要选择合适的话题。否则双方说几句话就没话可聊了，这样双方的交流就没有办法正常地进行。在交流的时候最好选择对方感兴趣的话题。例如一个人羽毛球打得很好，你就可以问："听说你很喜欢打羽毛球，是吗？"对方喜欢打羽毛球，自然有很多愿意交流的心得。这样，双方会就羽毛球展开一番交流。所以，询问的时候一定要是对方感兴趣的话题。如果不知道，

赢在表达

那么可以通过观察来试探。比如对方穿着运动服出现在你的面前,你可以问:"你平时很喜欢运动吗?"如果对方是,则有话题可聊。如果对方回答不是,就可能会告诉你他喜欢什么。然后围绕着对方喜欢的话题,也可以顺利地展开一番交流和讨论。

渐进式提问,逐步深入

<<< 口才实例

孟子拜见齐宣王,问:"您曾经告诉庄暴说您爱好音乐,有这么回事吗?"

齐宣王有些不好意思,只得据实说:"我并不是爱好古乐,只是爱好一般的音乐罢了。"

孟子说:"只要您非常爱好音乐,那么齐国便会富强了。无论您爱好的是现在的音乐还是古代的音乐,它们都是一样的。"

齐宣王说:"先生可以清楚地说明这个道理吗?"

孟子说:"一个人单独欣赏音乐的快乐,和与大家一起欣赏音乐的快乐,究竟哪一种更快乐呢?"

齐宣王说:"当然是与大家一起欣赏音乐更为快乐。"

孟子说:"与少数人欣赏音乐快乐,与多数人欣赏音乐也快乐,究竟哪一种更快乐呢?"

齐宣王说:"当然是与多数人一起欣赏音乐更快乐。"

孟子接着说:"那么就让我和您谈谈赏乐的道理吧!假如大王在这儿奏乐,老百姓听到鸣钟击鼓、吹箫奏笛的声音,却都愁眉苦脸,'我们的国王这样爱好音乐,为什么我们却苦到这般地步呢?'原因就在于大王只图个人享乐,而不与百姓同乐。但是,假如大王在这儿奏乐,老百姓全都眉开眼笑,'我们的大王大概很快乐,要不怎么能够奏乐呢?'这没有别的原因,只是因为

第05章 用提问表达想法：让彼此更了解的说话技巧

国王与百姓能一同娱乐罢了。所以，如果大王能与百姓同乐，就可使天下归服了。"

<<< 技巧点睛

说话的时候要一步一个台阶，按照对方思维发展的趋势，逐渐提出问题，这样才能逐步否定对方的观点，最后将对方否定。孟子在这段论辩中用了因势利导的方式。当他听说国王喜爱音乐时，就由此下手，用一个个问句，一步步疏导，最后得出结论：如果大王能与百姓一同娱乐，就可使天下归服，从而达到说服齐宣王与民同乐的目的。那么，在询问时如何逐步深入呢？

● 预先明确目标

在询问的时候，一定要有明确的目标，你向对方发问想达到一个什么目的。只要明确了这个目的，在具体的询问中就会有所指。千万不能没有目标，胡乱发问。这样不但不能达到逐步深入的目的，还会引起对方的反感。有了明确的目标，还要明白每一个问题怎么问才合适，问到什么程度才算恰到好处。只有心中有了这些明确的规划，询问起来才不会不知所云。所以，在询问之前，你一定要找到自己询问的明确目的，要明确自己想要达到的目标。

● 说话要有逻辑性

在询问的时候，每个问题之间都要有很强的逻辑性，这样才能一步一步将对方引到我们预先设置好的目标上。如果哪一个问题出了差错，自相矛盾，或者问题问得不严谨，这样就没有办法成功引导对方了。连自己都说服不了，怎么去引导别人呢？所以，在引导的时候，一定要注意语言的逻辑性。要仔细斟酌每一个词，每一句话，把话说得严谨一些，不要犯明显的错误。这样一来，对方在你的引导下才能顺利到达预先设置好的目标。否则，被对方找出逻辑的错误，反驳得无话可说，不但不能引导对方，还有可能被对方引导。

● 多用问句引导

在引导对方的时候，要多用问句。尤其是反问句，让对方所坚持的观点和看法在你的反问下失去抵抗力，从而乖乖地听从你。当然，在用反问句的时候，要先用大量的论据和事实将对方驳倒。在你的反问下，对方再不缴械投降似乎已经没有退路了。这样在你环环相扣的一个个反问下，对方会一步步地跟着你靠近预先设置好的目标。比如，你举了大量的例子说明不上学是没有出路的，然后问："难道你还不想去上学吗？"在事实面前，对方自然乖乖地跟着你去上学。如果事实不充分，说明不了问题，那么对方自然会起身反驳，这样整个设计就会功亏一篑。

把握好敏感问题的尺度

<<< 口才实例

肖云 25 岁了，按理说已经到了谈婚论嫁的年龄。可是肖云非常挑剔，始终没有找到自己满意的对象，于是她的婚姻大事就成了父母的压力。二老托人四处打听介绍。后来在邻居王大妈的介绍下，与一个小伙子见面。

第一次在公园门口准时约会。小伙子多少有些腼腆，平日里很少跟女生打交道，第一次约会也不知道说什么。肖云接触的男生不少，但是毕竟对方也是刚刚认识，也不知道该说什么，于是双方沉默着。

肖云想问个问题，打破沉默，于是她问道："你谈过恋爱吗？"小伙子一脸惊恐，摇了摇头。双方再次陷入沉默。

过了几分钟，肖云再次提问："你工作轻松吗？工资多少钱啊？"小伙子支支吾吾说了几句，就找了个借口走了。

第05章　用提问表达想法：让彼此更了解的说话技巧

从那以后，他们再也没有见过面。原来小伙子对肖云问的问题很反感，觉得她是个只看重钱的人。就这样，一个不恰当的提问毁了肖云的这次约会。

<<< 技巧点睛

向对方提问的时候，一定要把握好尺度。如果两个人关系还很陌生，就不适合问一些过深的问题，因为对方不回答似乎不礼貌，回答了又对你没有信任感，觉得自己不安全。所以，在提问之前，一定要想一想，问这样的问题合适不合适。如果觉得不合适那么最好别问，问了只能徒增双方的尴尬。那么，在具体的提问中，如何才能把握好提问的尺度呢？

● 适当的身份提适当的问题

人与人之间的关系不一样，问问题的时候要考虑清楚，这个问题是不是你们之间目前的关系所能问的。比如故事中的肖云和小伙子，双方还很陌生就问收入，显然不合适。这个问题如果到了双方已经热恋之后再问，也没什么不可以，只是双方刚刚认识就问，一下子将两人之间的距离拉得很近，对方自然接受不了。所以，在提问的时候，一定要明确你和对方的关系。一般情况下，关系熟了，问的问题有点深也不为过。如果关系还很陌生，那么最好不要问过于隐私的问题，这样会让别人感觉到没有安全感。

● 不宜问对方不知道的问题

在向别人提问的时候，一定要事先想一想，对方能否回答这个问题，如果觉得能回答，那么对方自然很高兴为你解答。但是如果对方不能回答，你却问了，就会令对方很尴尬，这就失去了提问的价值。如你问一位医生："去年发生在本市的肝炎病例有多少？"这个问题对方很可能就答不出来，因为一般的医生谁也不会去费神记这类数字。要是对方回答说"不太清楚"，不仅使答者有失体面，问者自己也会感到没趣。

● 不要打破砂锅问到底

有些人总喜欢打破砂锅问到底，不管你愿不愿意回答，总是没完没了地发问，让人厌烦。问问题的时候，不要打破砂锅问到底，如果对方不愿意回答，或者不愿意多说，就适可而止。如你问对方住在哪里。对方回答说"在四环"或者说"在顺义"，那么你就不宜再问下去。如果对方高兴让你知道，他一定会主动详细地说出来，而且还会说"欢迎光临"之类的话。否则，别人便是不想让你知道，你也就不必再问了。此外，在问其他类似的问题，如年龄、收入等的时候，也要注意掌握问话尺度，要适可而止。

● 提问必须掌握最佳的时机

提问并不像逛大街、上自由市场那样随时都可以进行。提问时机掌握得好，发问的效果才会最佳。两个过去很要好的朋友都刚刚走上工作岗位，一个偶然的机会他们相遇了，互相询问："你们单位怎么样？工作还顺利吧？谈恋爱了吗？"显得既亲热自然，又在情理当中。中国人见面打招呼都喜欢问一句"吃了吗？"如果这话用在吃饭时间前后，倒也无妨，但如果下午三点左右在公共汽车上也问这么一句，就难免让人感到有点莫名其妙。

让对方主动回答你的问题

<<< 口才实例

大卫是一位推销电动机的推销员，一次他去拜访一家老客户的公司，准备说服他们再购买几台新式电动机。在去之前，大卫和这家公司的工程师通过电话，了解到工程师昨天到车间去检查，用手摸了一下前不久大卫推销给他们的电动机，感到很烫手，便断定大卫卖给他们的电动机质量太差。

第05章 用提问表达想法：让彼此更了解的说话技巧

当大卫刚踏进那家公司的门口时，就遭到了对方工程师的拒绝。那名工程师说："大卫，你又来推销你那些破烂了！你不要做梦了，我们再也不会买你那些玩意儿了！"

大卫冷静地考虑了一下，心想如果与对方辩论电动机的质量，肯定于事无补。于是他便采取了另外一种思路，他对工程师说："好吧，我完全同意你的立场，假如电动机温度过高，别说买新的，就是已经买了的也得退货，你说是吗？"

"是的。"工程师回答说。

"你是知道的，任何电动机工作时都会有一定程度的发热，只是温度不应该超过全国电工协会所规定的标准，你说是吗？"

"你说得对，是这样。"

"如果按照国家技术标准，电动机的温度最高可以比室内温度高出42℃，是这样的吧？"

"是的。但是你们的电动机温度比这高出许多，昨天还差点把我的手烫伤！"

"哦，是这样。那么请问你们车间里的温度是多少？"

"在24℃左右吧。"

"这就对了。车间是24℃，加上可能的42℃的升温，共计66℃左右。那么一个人把手放进66℃的水里是不是会被烫伤呢？"

"嗯，好像是的。"

"这就对了啊，所以以后千万不要去摸电动机了。我们的产品质量，你们完全可以放心，是绝对没有问题的。"

大卫又做成了一笔买卖。

<<< 技巧点睛

让对方说"是"，是一种说话的艺术，如果你学会了这种艺术，你将终身受益。当一个人在说话时，如果一开始引导他来说"是"，那么他已经在内心深处有了肯定的一面。这时候内心的抵抗和戒备就会完全放松，这样交流起来的气氛就会融洽很多，对方也容易放弃自己原来的偏见，转而同意对方的意见。

在这个案例中,大卫从一开始就引导工程师回答"是",从而抓住了问题的主动权,使谈话的结果向着自己更有利的方向去发展。到底如何才能让对方说"是"呢?以下几点,值得借鉴。

● 把要说的话说对

卡耐基曾经说过:"人是不可能被说服的,天下只有一种方法可以让任何人去做任何事,那就是让他自己想去做这件事。而让他自己想去做这件事,唯一的方法就是让他认为你说的是对的,让他认为他是在遵循对的东西才这样做。"

如一个顾客拿着一件商品舍不得放下,这时销售人员就不应该问顾客"喜不喜欢""想不想买"这样让顾客作出选择的提问。因为你问顾客"喜不喜欢""想不想买"时,顾客可能就会回答"不"。因此,在这个时候你一定要明白一点,顾客拿着那件商品一定是他喜欢的,所以你应该问:"你一定很喜欢,是吧?"这时顾客肯定回答"是"。因为你说的是对的,他拿着那件商品舍不得放下,确实是他所喜欢的。

● 创造出对方说"是"的氛围

奥佛斯屈教授在他的《影响人类的行为》一书中说:"当一个人说'不'时,他所有的人格尊严都已经行动起来,要求把'不'坚持到底。事后他也许会觉得这个'不'说错了,但是他必须考虑到宝贵的自尊心而坚持说下去。因此,使对方采取肯定的态度,是一件特别重要的事。"由此可知,在和对方交谈的时候,要避免对方说"不"的气氛,一定要创造出对方说"是"的气氛。比方,在和对方谈话的时候,我们应该把自己置于"是"这一情景之中,将对方可能采取的反对意见铭记于心,同时,还应牢记我们所熟知的对方的观点。你还可以运用肢体语言,当你在问别人"是这样吧?""一定是吧?"等让对方回答"是"的问句后,你一定要先点头给对方造成一个"是"的气氛。

第 06 章
三言两语消除尴尬：
以柔克刚应对语言伤害

在生活中，伤人的语言我们几乎天天都有可能听得到，而有意或无意说这类话的人可能让你一蹶不振。有时候，为了自己的利益不受到伤害，你可能会因此而养成一种保护自己、以牙还牙的心理。然而这样的心理只会让自己陷入一场场反复的互相攻击与纠缠之中，让你烦恼不已。其实当面对这样的情景时，你可以用更好的办法来对付它。借对方的话，机智地加以运用，用幽默的语言让说话者自觉无礼，并轻松化解自己的尴尬，使自己免受语言的伤害。

沉默是应对挑衅最好的武器

<<< 口才实例

公司新来一个女孩子，平日话不是很多，只是默默工作，和人聊天的时候，脸上总是带着微笑。

没过多久，公司里又新来了一个女孩，这个女孩特别好斗，动不动就和同事争吵。有时候，甚至没有理由，看别人不顺眼，就要过去和他斗上半天。一段时间之后，大家再也受不了这个女孩的纠缠，不是辞职就是请调。

最后，别的同事走得差不多了，她把矛头最终对准了那个习惯沉默的女孩子。劈里啪啦一阵言辞激烈的数落，而那位女孩只是习惯地沉默着，偶尔抬起头微笑着问一句"啊"，好斗的女孩没有达到预想的效果，气得满脸通红。

几次较量之后，那位好斗的女孩败下阵来，只好灰溜溜地辞职了。

事实上，并不是那位沉默的女孩修养好，而是她的耳朵有点背，听力不怎么好，平日里和大家交流没有问题，但是理解别人的话总是慢半拍。当好斗的女孩向她挑衅时，她仔细聆听着，并思索着，脸上会出现无辜、茫然的表情，并伴随着一句"啊"，好斗的女孩费了好大的劲才把不满发泄出来，而她的一句"啊？"又让那个好斗的女孩再发泄一遍。难怪那个好斗的女孩会败下阵来。

<<< 技巧点睛

那个沉默的女孩子，只是因为耳朵背，而把那个好斗的女孩子累得气喘吁吁，不得不放弃。沉默是应对挑衅最好的武器。事实上，我们在生活中，难免和别人磕磕碰碰，当别人用语言对你进行伤害的时候，不妨学学那位沉默的女孩子，

第 06 章　三言两语消除尴尬：以柔克刚应对语言伤害

茫然不知所措地望着对方，然后无辜地问一句"啊"，想想当对方看到你这般表现的时候，该是多么气愤和难堪。把握好沉默的艺术，把自己的真实想法隐藏起来，让对方捉摸不透，把对方的攻击和伤害反弹了回去，让对方抱起石头砸自己的脚。在装聋作哑来应对别人的伤害的时候，要注意哪些方面的问题呢？

● 在姿态上保持高调

面对别人的语言攻击，在姿态上要保持高调，用这种不屑一顾的情绪来表达对对方的漠视。不妨将自己定位为一个观众，将对方的喋喋不休当作看一场精彩的表演，在对方表现得突出的时候，不妨鼓掌喝彩。这样一来，对方本想来羞辱你、伤害你，却被你的高姿态所羞辱，被你的看客态度所伤害。对方达不到羞辱你的目的，继续下去只能让他自己出丑丢脸，这时候对方紧急要做的事情，就是闭嘴。所以，在面对对方语言攻击的时候，在姿态上要保持高调，让对方的强烈攻势在你置身事外的态度面前变得软弱无力。对方伤害不到你，自然会停止对你的攻击。

● 转移自己的注意力

一般情况下，别人想要难为你，想要攻击你，自然是有备而来。所以，当你听到别人恶毒攻击的时候，不妨将自己的注意力从对方愤怒的情绪和恶毒的言语上转移开来。这样一来，你就不会被对方难听的话语所伤害。当对方发现你的注意力根本不在他身上时，尽管很恼火，但是拿你一点办法也没有。相反，对方想要攻击你，首先得酝酿激烈的情绪。这些激烈的情绪反过来会让攻击者愤怒，事实上伤害的是自己。对方攻击你的目的就是引起你心里的愤怒，引起你情绪的波动。当你不被这些攻击所动的时候，对方白白承受了说出那些恶毒攻击言语的悲愤，得不偿失。正所谓"拿泥巴扔人，也会弄脏自己的手"，更何况不但没有攻击到对方，还把自己的手弄脏了，这个亏自然是吃大了。

● 要始终保持微笑

用言语攻击别人也是一种与人交流的方式。与人交流就要有互动，这样才能更好地进行下去。当别人攻击你的时候，始终保持微笑。这样，对方的攻势

找不到互动的载体,根本没法进行下去。更何况别人是以伤害你为目的,而你却报以真诚的微笑。这样对方尽管情绪很激烈,但是心理上已经虚了,气势上已经弱了。因为你的真诚微笑,会让对方觉得自己做错了。当对方心理否定了自己之后,自然坚持不下去。就算坚持着,也没有后劲了。除了乖乖收兵外,没有别的任何办法。所以,面对别人凌厉的语言攻势,不妨报以真诚的微笑。

顺势而下,避开对方的强劲攻势

<<< 口才实例

有一个秀才心术不正,仗着自己识文断字欺压百姓,一次刚好被路过的一个和尚教训了一顿。从那之后,秀才怀恨在心,总是想方设法找机会狠狠地羞辱和尚一顿,但是苦于一直找不到机会。

这天,秀才没事可做,上山游玩,恰巧在山间小路上碰上了和尚。秀才故作正经地走上前去说:"敢问大师,秃驴的'秃'字怎么写啊?"

和尚一听,就知道这个秀才不怀好意,是在变着法骂自己呢。于是不慌不忙地说:"施主,其实这个字很简单,你应该很熟,怎么会不知道呢?就是把秀才的'秀'字屁股掉过来,再往上翘翘就是了。"

秀才听了,满脸通红,气得说不出话来。

<<< 技巧点睛

面对秀才的羞辱,和尚并没有恼羞成怒,而是顺着秀才的话,将秀才带来的凌厉攻势转了个弯,对准秀才推了过去。秀才不但没有占到便宜,还拿起石头砸到了自己的脚。在生活中,难免会遇到别人不怀好意的攻击和羞辱。当别人抓住你的一个小辫子对你进行伤害的时候,不妨顺势而下,承认既定的事实,然后将

第06章　三言两语消除尴尬：以柔克刚应对语言伤害

攻击的力度想方设法转到对方身上。这样一来，对方攻击你的力度越大，他所受的伤害就越大。那么，到底如何才能顺势而下将对方的攻势转到对方的身上呢？

● 不要作过多的解释

过多的解释是狡辩，这话一点也没错。尤其是对方在攻击你的时候，你越解释，对方越不给你机会，这样你就会被对方牢牢地控制，只有受伤的份儿。这时候，不要作过多的解释，你不解释了，对方也就没有和你争辩的必要了。当然，这时候的沉默并不代表就此认输，任凭对方羞辱。既然对方已经摆开了攻势，不妨顺着对方的攻势，寻找对方的致命弱点，然后明确地告诉他，让对方被自己所困扰。就如同故事中的那个小和尚，面对秀才的羞辱，并没有作过多的解释，而是巧妙地将秀才的攻势引到了他自己身上。秀才自然羞红了脸，无言以对。

● 在对方身上找到相同点

很多情况下，人总是喜欢挑别人的毛病，老爱拿别人的是非说事情，对自己的缺点和毛病却认为理所当然。所以，当别人攻击你的时候，你不妨和对方联系起来。这样对方在攻击你的同时，也在攻击自己。比如说有人骂你："你真是禽兽，不是人。"这时候你大可不必为对方的恶毒攻击而恼羞成怒，你只需告诉对方："物以类聚，人以群分，我和你是一样的。"那么，无形之中就是告诉对方，我是禽兽的话，那么你也是禽兽。对方自然知道这句话的意思。这样一来，对方再羞辱你，相当于羞辱自己，对方的嘴自然就被堵住了。

● 适当地提出反问

当有人恼羞成怒地来质问你的时候，你不妨适当地提出反问，将对方的凌厉攻势反转。比如，对方气势汹汹地说："你以为你是谁啊！"这时候你不妨反问道："我倒没想过这个问题，你呢？你认为自己是谁呢？"对方本来是想让你看清自己的位置，你这么一问，变成了对对方的质问。对于对方来说，自然也明白自己是谁了。有时候对方会指责你说的话让他难受了，会这样质问："说话之前应该先想一想。"这时，你可以把重点放在时间的问题上："很抱歉，是我疏忽了，那么依您看，说话之后该怎么样呢？"更有甚者，有些人在攻击的时候，连带着一起羞辱别人的家人，这时候很容易伤害别人。比如："你父母是怎样教你的？"这时你不妨默默地想一会儿，再说："我不记得了，恐怕得麻烦你亲自去问他们。"或者态度谨慎而肯定地回答他："我很抱歉使您恼怒，但是我想这么没礼貌的问题，不应该从一位绅士口中说出来。"意思是说，你说这样的话是个没教养的人，对方在绅士这个身份下，自然不好意思再说没教养的话了。

转移话题，让冲突化解于无形

<<< 口才实例

宏宇是一家大型工厂的工人，一次，下班后工友们都走光了，他推着自行车往大门口走。由于从厂房到大门口有一段距离，按照厂方的规定，工厂内是禁止骑车的。当时宏宇看了一下四周，没有保安，随即一脚蹬上了自行车，向大门驶去。谁知就在这个时候，负责在工厂执勤的保安不知道从哪里钻了出来，一下子拽住了宏宇的自行车，拉着他去接受罚款。

宏宇一下子愣在那里，不知如何是好。幸亏他脑子机灵。在和保安的争执中，他听出了保安的口音。于是宏宇对保安说："听你的口音，好像不是本地人吧？"

保安回答说："不是的，我是四川雅安的。"

宏宇笑着说："真的啊，我女朋友也是四川雅安的，跟你说话挺像的，我说怎么听着这么耳熟啊。"

保安："是吗？那真是太巧了，这么远的地方还有老乡。"

宏宇："是啊，太不容易了，那改天聚聚吧。"

保安："那真是太好了。那你赶紧回去吧，回晚了，老乡会担心的。"

事实上，宏宇并没有一个四川雅安的女朋友，自然之后也不可能和保安叙老乡之情了。

第06章　三言两语消除尴尬：以柔克刚应对语言伤害

<<< 技巧点睛

一般情况下，当有人因为一个问题和你争执，为难你的时候，内心深处对你的攻击力度很强，对你的意见和做法很反感，并不是对你这个人很反感。这时候不妨转移话题，转移对方的注意力。话题转移了，自然就把矛盾暂时放下了。这样一来不但降低了别人对你的语言伤害，还可能因此而化干戈为玉帛。那么在利用转移话题的办法来减少语言伤害的时候，有哪些方面需要注意呢？

● 寻找彼此的共同点

别人之所以为难你、攻击你，是因为在某些问题上，双方意见和做法不一样，甚至可以说是针锋相对。为了分出个所以然来，势必要较量一番。事实上，孰对孰错、谁是谁非并没有想象的那么重要。再加上在谈及某些问题的时候情绪激动，说出很多让你尴尬和难听的话也在情理当中。这时候，尽快找到彼此的共同点，把话题由相异转向相同，不但转移了对方的激动情绪，而且还会将自己在对方心中的定位由敌人变成朋友。比如故事中的宏宇，在遭遇对方为难的时候，找出了一个和对方是老乡的女朋友来。尽管这个女朋友是瞎编的，但是却迅速化解了他和保安之间的对立情绪，避免了很大的麻烦。所以，寻找双方的共同点是迅速转移话题的好办法。如果实在找不到，那么不妨虚拟一个，目的是转移话题，减少对方对你的伤害。当然这仅适用于陌生人为难你的时候，熟人之间当然不适用。

● 要及时地赞美

没有人不喜欢别人赞美自己，即使是双方有强烈的对抗情绪，赞美也很奏效。所以，当别人在言语上为难你的时候，不妨赞美一下他。每个人的注意力都在自己身上，当对方指责你的时候，你赞美一下他，对方的注意力会迅速转移到自己的身上，并且转移到你所关注的话题上。这样一来，别人对你的攻击和伤害自然就不存在了。比如，别人指责你打扫卫生不彻底的时候，你说"你的衣服真漂亮"或者说"你今天神采奕奕，遇到什么高兴的事情了？"这时候，就算是再看不上你的人，也会两眼放光，面带微笑和你交谈。即使有些人抹不

开面子，但是心里却甜滋滋的。所以，在面对别人的指责和为难的时候，要学会用赞美来转移话题，放松彼此的情绪以赢得对方的好感。

● 对对方产生浓厚的兴趣

任何人都一样，都希望别人对自己感兴趣，对自己的生活感兴趣，对自己的所作所为给予肯定。因为一些想法和做法的不同，别人对你进行为难的时候，要多关注一下对方的生活，将话题有分歧引向对方。因为有相异，所以有对抗的情绪。当话题转移到对方身上的时候，就没有了分歧，自然就没有了对抗。当你对别人产生兴趣的时候，别人也会对你产生兴趣。比如，当有人说你不应该在上班的时候接电话时，你不妨关注一下对方的失眠好些了没有，睡眠质量怎么样。别人给予你的是责备，你回报的是关心。这样一来，即使再对你有意见的人也不好意思继续为难你了。

把话说圆满，让对方无从挑剔

<<< 口才实例

刚刚结婚不久的小光，突然间接到了前女友的求救电话，说自己遇到了危险，急需要小光的帮助。小光有些为难，不去吧，怕对方真的遇到了危险。去吧，又怕剪不断理还乱。再加上小心眼的妻子要是知道了这件事，没准还会闹出什么乱子来。思虑再三，小光还是去了。毕竟对方需要帮助，总不能见死不救吧。

于是在约定的地方，小光见到了前女友。只见她泪流满面，似乎受了极大的委屈。于是小光带她去了附近的咖啡厅，想问问她到底发生了什么事情。刚坐下不久，小光不经意间一抬头，吓了一跳，他的妻子不知道什么时候坐在不远处盯着他看呢。看到小光发现了自己，妻子强装微笑地走了过来，坐在了一边，什么话也没说。

小光急中生智，走过去说："她给我介绍一个客户，我以前和你说过的，

第06章 三言两语消除尴尬：以柔克刚应对语言伤害

很大的订单，所以我就过来了。"也正巧了，前不久，小光是和妻子说过有个朋友介绍给他一个很重要的客户。

他妻子二话没说，气得扭头就走。小光也辞别了前女友，跟着回了家。他对妻子说："真的是工作上的关系，以前没跟你说是她，就是怕你多心。这个客户做成的话，咱们能多收入好几万呢。咱们跟钱可没仇啊！"

妻子显然气消了很多，说："真的吗？你可别敷衍我啊。"

小光赔着笑脸："真的，我什么时候骗过你啊？你说是不？"

妻子笑了，说："那你歇着吧，我去做饭了。"

等妻子进了厨房，小光擦了擦额头的冷汗，长出了一口气。

<<< 技巧点睛

有时候，别人为难你，并不是你人品不好，而是你所说的和所做的在对方看来是错误的，是荒谬的，所以才会想方设法为难你，让你在自己的言语和行为面前站不住脚。这时候，就要找个合适的理由自圆其说，让对方觉得你是正确的，是合情合理的。当然找的理由一定要充分，要能说服对方。要是牵强附会，连自己都听着别扭，那么根本说服不了对方，同时反而证明了你的荒谬性和不合逻辑性。所以，自圆其说是应对语言挑衅的好办法。但是在具体的应用当中，应该怎么去操作呢？

● **说辞要符合逻辑**

在自圆其说的时候，一定要符合基本的逻辑，让别人听着似乎也能说得过去，也是合情合理的。否则就成了掩耳盗铃，自欺欺人了。所以，在解释的时候要找个合适的原因。比如故事中，小光会见前女朋友被妻子抓住了，小光急中生智，以介绍客户为理由，以赚钱为最终的幌子。刚好事先小光和妻子说过这件事情，这样一来听上去合情合理。即使他的妻子心里再不舒服，也只能作罢。因为小光的理由没有半点破绽，符合基本的逻辑。当然这么说不是教你如何欺骗别人。所以，在自圆其说的时候，一定要想方设法为自己的说辞找到合适的前奏，让对方觉得也有一定的道理。当别人的内心承认你的说辞的时候，就不会再难为你了。

● 利用概率找台阶

世上的任何事情都没有那么绝对，都有出现意外的可能。所以，在自圆其说的时候，不妨用概率为自己找台阶下。比如你所销售的灯具一向质量都很好，可是偏偏卖给一个大客户的单子中就有一个残次产品。当对方找上门来的时候，就需要你自圆其说，给对方一个合理的解释。这时候，如果一味地强调自己的产品质量多么多么好，无疑让对方更加生气，显然你在说瞎话。这时候，你就要告诉客户，质量好也是相对而言的，有个别残次产品也是在所难免。这样一来，客户觉得也有一定的道理，自然不会再为难你了。所以，用概率为自己找台阶下，无疑是自圆其说的一个很好的办法，因为世上没有绝对的事情。

● 善于"咬文嚼字"

如果被对方紧紧追逼，没有退路的情况下，不妨咬文嚼字，在曾经说过的语言上做文章。当然这属于诡辩，有点耍无赖的意思，但是在理屈词穷的情况下，要是不想乖乖地投降，受人任意羞辱的话，不妨用咬文嚼字的方式，利用歧义或者是语言上的漏洞为自己找个台阶。比如老师对你说："钢笔不要给张三。"但是张三是你的朋友，你把钢笔给他了，当老师责问你的时候，不妨这么为自己辩解："你不是说'钢笔不要，给张三'吗？所以我就给了。"事实上老师是这么说的，但却不是这个意思。这时候他尽管很生气，也不能责怪你。

将错就错化解不利局面

<<< 口才实例

王聪是电脑公司的设计人员。这天，老板让他做一个广告牌匾。王聪非常自信，一个下午就做好了。老板没有细看，随即让技术人员给做了出来。

第 06 章　三言两语消除尴尬：以柔克刚应对语言伤害

送到客户手里后不久，客户打来了电话，态度非常恶劣。原来王聪在电脑制图的时候，竟然把公司的名称"玉龙"做成了"龙玉"。面对客户和老板的严厉指责，王聪没有狡辩，他向对方道歉说："真是抱歉，是我的疏忽，要不这样吧，我重新赶着做，花去的费用从我的工资里面扣，行吗？"

客户不再吱声了，老板也没有再说什么。王聪认认真真地又把设计图做了一遍，检查无误后麻烦技术人员重新做了一遍。那天的失误花去了王聪工资的1/3，好在王聪将错就错，及时提出了补救的措施，否则指不定还要受多少指责和漫骂呢。

<<< 技巧点睛

一般情况下，当你的失误给别人带来伤害的时候，都会遭到对方的指责和漫骂。这时候如果过多地辩解，无异于火上浇油，让对方更加生气，从而更加激烈地攻击你。为了避免这种攻击的扩大化，不妨将错就错，态度诚恳地承认自己的错误。既然你承认了自己的错误，对方再过分地难为你，就显得不通情理了。所以，将错就错是利用示弱来平息对方的怒火，从而达到避免别人语言伤害的目的。那么，在生活中到底该如何利用将错就错的办法避免语言伤害呢？

● 态度要谦逊

别人对你进行语言伤害的时候，态度一定要谦逊一些。通常人的心理是遇强则强，尤其是在生气，在攻击别人的时候更是如此。你的谦逊态度往往让对方有气没处撒，即使想要在你的身上发泄，也会受到良心的谴责而不得不放弃。如果你一味地坚持自己的观点和态度不肯认错，无疑是挑起了对方心中的怒火。你越狡辩，对方越生气，对你的伤害将会越大。这时候，对方给自己的指责和为难也找了个理由，再过分地伤害也觉得自己是合情合理的。谁让你做错事还死不悔改呢？所以，面对对方的指责和为难，态度一定要谦和一些，即使别人误会了你，也不要和对方争辩，要和颜悦色地解释清楚，不要和对方比脾气。如果对方胡搅蛮缠，不妨服软，给他个台阶下。在不涉及原则是非的问题上，承认自己的无知未尝不是好事，尽管你是对的。

● **提出补救措施**

对方之所以攻击你，是因为你的失误给别人带来了伤害。所以，要想让对方彻底闭嘴，除了态度谦逊一些之外，还要切切实实地解决问题。所以，及时地提出补救措施无疑是重中之重。当然，提出的补救措施一定要能妥善地解决问题，要让对方心服口服，而且比原先的效果还要好。比如故事中的小光，因为自己的错误造成了客户的损失，好在他及时提出了补救的措施，才使对方停止了对他及公司的指责和污蔑。所以，提出补救措施让对方的心理达到平衡，因为你已经在想办法帮他解决问题了，对方自然不好意思再过度埋怨你了。所以，当别人因为你的失误而埋怨和指责你的时候，最好的办法就是提出相应的补救措施，堵住对方的嘴。

● **勇于承担责任**

既然是自己的失误，那么就要勇于承担一切责任。这在一定程度上让对方觉得心理平衡，因为别人觉得你是个负责任的人，所以，当对方指责你的时候，用实际的行动来勇于承担责任，把给对方带来的伤害减少到最小，同时把对方对自己的语言伤害也减少到最小。故事中的小光主动承担了采取补救措施所带来的损失，堵住了客户的嘴，也堵住了老板的嘴。毕竟是个人的失误，总不能让别人再替你受罚吧。倘若小光当时不承担这个责任，那么客户势必不肯罢休，羞辱和谩骂自然少不了。老板肯定也不想蒙受损失，自然也会对小光进行语言攻击。那么对于小光来说，不但要承受过多的语言伤害，最终还得自己负责，相比之下，还是先承担责任较好。

第 07 章
增强说话的感染力：
用修辞来表达涵养

　　同样的意思，用不同的语句表达出来，会让人有不同的感觉。而其中的关键就在于语句的修辞。有时候，有些情感用生硬的"普通话"表达出来会让人觉得平淡无味，温暖不了听者的内心。而这时候我们如果加以恰当的修辞，通过对话语的修饰描摹不但可以将内心深处的情感真实地呈现出来，而且还会让听话者感觉更舒服。所以，在人际交往过程中，恰当的修辞不但可以增强表达效果，而且还能够加深彼此的情感。让听者感觉是一种享受、一种回味，更是一种感动。

赢在表达

利用借代和象征显示知识底蕴

<<< 口才实例

王絮是北京一所大学三年级的学生,平日里人缘特别好,老师和同学都非常喜欢她。

在这年元旦晚会上,大家都玩得非常开心。借助这个机会,王絮站起来说:"我有一个节目,想要临时穿插表演,不知是否可以啊?"

同学们玩得正高兴呢,便随声附和让她表演。王絮走上台说:"大家可能都忘记了,明天是王老师的生日,我在这里即兴发表一下我的感慨,以此为王老师祝贺生日。"大家立即鼓起掌来。

"您是辛劳的园丁,我们是含苞未放的花朵,您在精心培育,花朵在茁壮成长。除草、施肥、浇水。不管刮风下雨,辛劳的园丁,您始终不曾淡忘,花在寒冷和疼痛。您默默付出汗水,花朵艳丽芳香,但是辛劳的园丁……"

台下雷鸣般的掌声不断,王老师激动地流下了泪水。

<<< 技巧点睛

在人际交往中,适当地赞美别人不但能获得良好的人际关系,还会为自己的发展带来意想不到的机遇。但是赞美的时候,说得太直白,不但让别人觉得你在拍马屁,还会让听的人肉麻恶心,起不到相应的效果。这时候不妨用一些象征和借代,把赞美的话通过象征和借代的手法巧妙地表达出来。听的人很舒服,而且还没有溜须拍马的嫌疑。当然用象征和借代的方式来赞美别人的时候,一定要选准时机。不能随便乱说,更不能随口胡说。那么,在利用象征和借代

第07章 增强说话的感染力：用修辞来表达涵养

赞美别人的时候应该注意哪些问题呢？

● 运用要恰当

在应用象征和借代的手法来赞美别人的时候，要准确地把握好所要赞美的人和所托的物之间一定要有某种共性。比如以园丁指代老师，是因为老师在培育学生，含辛茹苦，园丁在守护花朵，风雨无阻，老师的爱和园丁的爱有共性，通过讴歌园丁的大爱来表达对老师的敬爱。切不可不了解对方胡乱恭维一通，把战士比喻为大象，把长辈比喻为大雁，这样不但不能取悦人心，还会因此而得罪别人，成为笑料。所以，在应用象征的时候一定要了解清楚。

● 要形象生动

象征和借代不像比喻和比拟，用华丽的修辞来装饰，所以听上去美感减少了很多。但是如果应用合适，一样能牢牢地吸引别人，取悦别人。比如高尔基的《海燕》中，将革命比作海燕，将发动的白色恐怖象征为暴风雨，通过暴风雨的肆虐来体现海燕的坚强和不屈不挠。"波浪在愤怒的飞沫中呼啸着，跟狂风争鸣。看吧，狂风紧紧抱起一堆巨浪，恶狠狠地扔在峭崖上，把这大块的翡翠摔成尘雾和水沫。"通过对一些狂风和巨浪细节的刻画，使表达更加生动形象。所以，在使用象征手法恭维别人的时候，不妨在一些细节上做足工夫，让别人把你说的恭维话当作一种享受，回味无穷。

● 要"看客上菜"

用象征和借代手法恭维别人的时候，一定要察言观色，看客上菜。什么时候该说什么话，一定要做到心中有数。当你所要恭维的人兴致盎然的时候，这时候千万别吝啬你的一个恰当的象征。比如迎接一位上级领导的时候，你可以说："太阳出来了，将会温暖每一个人。"对方一听，自然明白是在歌颂他的伟大和不可替代。当对方遭遇了事业挫折的时候，你可以说："征途的沟壑怎么能阻挡勇敢者的心呢？"这样对方受到了你象征的鼓励，自然会铭记在心。同时，还要注意，象征和借代随时要改变，不能一个词说好几遍，让人听着厌烦。有时候还需要在同一个场合恭维好几个人，这时候就要注意了，所借代的物之

间一定没有高低上下之分,否则就是在为别人划分三六九等了,不但不能取悦人心,还会因此而引来祸患。

夸张和排比,让语势更强烈

<<< 口才实例

小强是大学一年级的学生,进入大学后不久,他就喜欢上了隔壁班的一个女孩,可是对方似乎对他并没有多大的兴趣。费了很大的劲,小强始终不能赢得对方的芳心。

后来,他的好朋友知道后,给他出了个主意,让他写了一份非常感人的情书,然后一字不差地背诵下来,而且达到可以朗诵的程度。这天傍晚,在朋友的帮助下,小强成功地将对方约到了学校的小花园里。

小强单刀直入地说:"我有话要对你说。"

女孩笑了笑,说:"那就说呗。"

小强开始有声有色地朗诵了起来,他说:"我喜欢你,这是不争的事实,是我的心、我的身体、我的思维意识告诉我的。所以,我会坚持不懈地追求你。我相信你能感受到我,感受到我对你浓浓的爱意,感受到我对你的牵挂,感受到我对你的思念。我愿意,愿意在寒冷的冬天给你温暖,给你依靠,给你安全,给你一个男人的肩膀,给你一个停靠的港湾。即使是到了世界的末日,我依旧会用我的生命来捍卫你,至死不渝。"

面对小强充满爱意的话语和眼神,女孩羞涩地笑了,这一笑让小强明白了女孩的意思。随后他们顺利牵手,走到了一起。

<<< 技巧点睛

夸张和排比能在一定程度上增强语言的气势,增强语言的情感色彩。所以,

第07章 增强说话的感染力：用修辞来表达涵养

与其说一些不痛不痒的话，不妨用一些夸张和排比，把你的情感通过语言如实地表达出来。这样，在人际交往的过程中，能更好地恭维别人，能成功地俘获对方的心，对于扩大社交圈子，为自己赢得机遇来说有很大的帮助。那么，对于20岁以后的年轻人来说，在使用夸张和排比来恭维别人的时候要注意哪些方面的问题呢？

● 用夸张和排比的时候要适度

适当的夸张能增强语言的情感色彩，但是如果夸张过度就会显得虚假。所以在使用夸张手法的时候，一定要适度，要符合基本的生活规律。排比的应用也是一样的，用词要恰当，排比的长短也要合适。不适合用过于夸大的词语，也不能无限制地排比下去。否则不但不能增强语言的气势，还会引起听者的厌恶。应用夸张和排比手法的目的是增强语言的感情色彩和语势。所以，在社交的过程中，20岁以后的年轻人要学会用夸张和排比的手法来增加气势，增加感情色彩。让你周围的朋友因为你口吐莲花而更加喜欢你，让你的长辈和领导因为你精彩绝伦的说辞而对你另眼相看。

● 用夸张和排比的时候要注意场合

有些场合适当的夸张能增强语言表达的效果。但是有些场合说话一定要严谨，来不得半点儿马虎。如在作述职报告的时候，对方希望听到的是真实的情况，这时候就要如实地回答。如果稍加夸张，就会给别人留下不诚实、油腔滑调的感觉。跟领导和长辈谈话的时候，如果对方不主动调节谈话的气氛，不要随便用夸张和排比，这样会让对方感觉到不受尊重，在一定程度上伤害了对方的情感。在谈论严肃话题的时候，也不宜用夸张和排比的手法，否则会引起别人的反感和厌恶。因为夸张和排比包含了过多的主观感情，与严肃的氛围格格不入。

● 用夸张和排比的时候要带上感情

用夸张和排比可以增强语言的感情色彩，但是如果在表述的时候只是干瘪地读出来，不但不能增加语言的情感，还显得画蛇添足，滑稽可笑。

赢在表达

所以,应用夸张和排比来表达的时候,一定要附带丰富的感情。这样,你所说出来的话才能在排比和夸张等手法的作用下,增强感情色彩。在人际交往过程中,不管对方是谁,都要以饱满的热情对待。适当的时候可以用点夸张和排比,让对方感受到你一颗炽热的心。尤其是面对一生的贵人时,更需要表达一腔炽热的情怀,这对于20岁以后的年轻人来说非常重要。学会用适当的夸张和排比,学会在恰当的时候恭维别人,这对于年轻人来说一生受益无穷。

一语双关,丰富你的语言层次

<<< 口才实例

王三这几年做生意发了笔小财,家里装饰得非常豪华。但是王三却是个非常吝啬的家伙,远近闻名,可谓是铁公鸡——一毛不拔。

这天,一位远房亲戚前来造访。王三两口子还算热情,聊了两三个小时,到了吃饭的时候,王三对亲戚说:"你先坐一会儿,我有点事要忙一下。"亲戚以为他去准备饭菜了,谁知过了半个多小时了,迟迟不见王三回来。亲戚肚子饿得咕咕叫,但是又无可奈何。事实上,这时候王三钻到别的屋子里正大吃大喝呢。

吃完以后,王三回到了客厅,继续陪着亲戚聊天,绝口不提吃饭的事情。亲戚见他这副待客的嘴脸,心中着实不是滋味。便故意大声说:"哎呀,真是可惜,好好一座厅堂,许多梁柱却被蛀虫蛀坏了!"

王三听了,非常吃惊地说:"不是吧,在哪里,我怎么看不见啊?"

亲戚看了一眼王三说:"它在里面吃,外面怎么知道?"

王三听了,脸上红一阵白一阵,恨不得有个老鼠洞钻进去。

亲戚的话表面上是说蛀虫,其实暗指王三。王三心知肚明,羞愧难当。

第 07 章 增强说话的感染力：用修辞来表达涵养

> **<<< 技巧点睛**

一语双关，通常用暗含和延伸的意义表达情感。一般情况下，应用于不方便直说，但是又需要表达这个意义的时候，是一种含蓄的表达情感的方式。在人际交往中，用一语双关来恭维别人可以达到意想不到的效果。所以，20 岁以后的年轻人要学会用言有尽而意无穷的表达方式，在不知不觉中将自己的恭维和赞美之情传达给对方。那么，在使用一语双关的时候具体要注意哪些方面呢？以下几点值得学习和借鉴。

● 表达要准确

用一语双关来恭维别人的时候，表达一定要准确，既不能说得太直白，也不能说得太含蓄。说得太直白了，让对方觉得你是在拍马屁，尤其是在人多的场合下，会招致别人的疏远和鄙视。但是也不能说得太含蓄，说得太含蓄，对方听不明白，就会凭借主观臆断来猜测你的心思。如果猜对了，那还好办。要是猜错了，就会给自己带来不必要的麻烦。所以，用双关语的时候一定要把握好用词，既能把恭维之意表达出去，又能让别人心领神会。

● 要有所指

在用一语双关来恭维别人的时候，一定要有所指。也就是说要找准对方值得骄傲的地方，或者是出众的才能来适当地恭维。比如和领导一起参观新建大桥的时候，不妨借助具体的情景，通过赞叹桥来恭维领导。"大桥稳固，全靠大梁顶得住。"通过肯定大桥大梁的作用，来赞扬领导的气魄和才能。在场的领导自然能听明白其中的意义，受到别人的恭维，自然心情愉悦。所以，在使用一语双关的时候一定要有所指，不能眉毛胡子一把抓。到头来，不但不能成功地恭维别人，还有可能因为表达错误而得罪别人。

● 眼神要到位

一般情况下，一个人的眼神在哪里，注意力也会在哪里。恭维别人的时候，

由于是双关语,所以说得比较隐晦。如果眼神不到位,就会让受恭维的人误会你的意思,觉得你或许在恭维别人,尤其在人多的场合下,更要和对方有个眼神的交流。用眼神告诉对方,我在赞美你。对方接到你的眼神传达的信息,自然就会明白你话里所隐含的意思。所以,在用双关语恭维别人的时候,眼神一定要到位。

引经据典,显示学识和内涵

<<< 口才实例

陈斌是奶制品公司的营销策划师,这次公司成功进军东北市场,陈斌可谓功不可没。他提出的分销到户的营销策略与东北的市场非常吻合,在短短的三个月之内,为公司创造了数百万元的利润。

但是,在刚开始进入东北市场的时候并不顺利。因为陈斌的营销策略是考虑到东北天气冷,预订牛奶和送奶一定要送到家门口。尽管这在一定的程度上增加了客户数量,但是效果并不明显。

之后,他手下的销售员开始尝试新的营销模式,把原来的将良好的服务带给客户的营销思想转变成帮助客户进行消费。在上门服务的前提下,开展上门推销。很多原先并没有消费欲望的客户被开发了出来。客户数量迅速上升,公司的知名度和市场占有率大幅度增加。

在庆功宴上,陈斌感慨地说:"真是三个臭皮匠,胜过诸葛亮啊!要是没有各位齐心协力出谋划策,这次进军东北很有可能以失败告终。来,我敬你们!"说着举杯站了起来。

业务员们纷纷举杯,共同享受成功的荣耀。

第07章　增强说话的感染力：用修辞来表达涵养

<<< 技巧点睛

有些时候，直白地表达情感不但会让表达的人不好意思，听的人也觉得有些难为情。所以，适当地借助典故来说话，将所要表达的情感用典故表达出来，这样听的人明白什么意思，说的人也不会不好意思。同样，在恭维别人的时候，不妨也用一些大家都熟悉的典故，将你的恭维和赞美之情通过历史故事传送到对方的耳中，自己与历史人物相媲美，自然是一件高兴的事情。那么，在利用典故的时候要注意哪些方面呢？

● 了解清楚典故的全部意义

在应用典故来恭维别人的时候，要弄明白采用的典故所要表达的具体意义，典故中的人物有没有明显的劣迹，这个典故的历史评价是什么。只有充分地了解这些，才能在具体情况下合理地利用典故。比如，只有了解了关羽千里走单骑的故事，了解了这个典故体现了关羽武艺高强和胆识惊人，用在恭维领导有能力、决策有魄力才会名副其实。如果用"三英战吕布"的典故，尽管也是在用吕布的英勇善战恭维领导，但同时也把吕布的背信弃义、言而无信等劣迹贴到了领导的身上。试想，领导怎么可能高兴呢？因为你在恭维领导的时候，也辱骂了领导。尽管你没有这个意思，但是典故却传达了这个意思。所以，在应用典故来恭维别人的时候，一定要了解清楚所选用典故的全部意义，避免应用不当而得罪别人。

● 所选用的典故要通俗易懂

在利用典故来恭维别人的时候，所采用的典故一定要通俗易懂，是大家生活中常听到的。这样，你说出来，别人才会明白你所表达的意思，恭维才会起到相应的作用。如果用一些生僻的典故，听的人听不懂，也就没有了实际的意义。如果对方不懂装懂，再闹出什么笑话，那就会给你惹来不小的麻烦。你所说的典故无疑显出对方没有文化，觉得你是在故意为难他，出他的丑。所以，选用典故的时候一定要选择那些生活中常用的，让对方听明白你的意

思，理解你的这份恭维之情。比如，恭维对方能力强，办事效率高，可以用"温酒斩华雄"，将对方比作关羽，可见能力非凡。对方了解这个典故，自然明白其中的道理。

● 应用典故要分人

并不是恭维任何人都需要典故。如果对方是领导，而且有一定的学识，那么恭维的时候，不妨适当地应用典故。如果对方学识浅，理解能力有限，或者是对典故不了解，这时候一定要把话说得尽可能直白一些，对方容易理解，而且交流起来也不会有障碍。事实上这也是对方所希望的和需要的。所以，在恭维别人的时候，一定要根据对方的具体情况，具体对待，该用典故的时候一定要用得及时，用得合适，不该用的时候千万别乱用。

对偶的运用显示飞扬的文采

<<< 口才实例

这一天是王兵的初中老师八十大寿的日子，他准备了一份厚礼前去参加宴席。

宴席上，老师的学生们纷纷上前祝寿，等轮到王兵祝寿的时候，能用的词都被别人用过了，再用就显得有些不礼貌了。正在他发愁的时候，突然灵机一动：尽管有些词被别人用过了，但是如果用对偶的方式重新说出来，感觉肯定也不一样。

轮到王兵的时候，他说："老师您可真是桃李满天下，学子遍神州，您看看今天来的这么多同学，个个都很有出息，您老人家一定非常高兴。我祝您老人家福如东海，寿比南山。"

老师听了笑得合不拢嘴。在短短的一句话中，用了两个对偶句，而这位老师正好又是一位酷爱中国古诗词的人。他将王兵叫到身边，亲切地和他交谈起来。宴席开始后，老师特意将王兵叫来坐在自己的身边。

<<< 技巧点睛

对偶句能将平淡无味的话说得人心花怒放，通过几句对偶，不但使恭维别人的话听起来更加有韵律美，而且表意凝练，抒情酣畅。对于受恭维的人来说是一种享受，一种回味，更是一种感动，因为有人将你的成就说得如此工整，想必是费了一番心思的。除此之外，工整的对偶也能让对方更好地记住你，这对于一个刚步入社会的年轻人来说至关重要。那么，在应用对偶来恭维别人的时候要注意哪些问题呢？

● 对偶一定要工整

利用对偶能增加话语的美感和节奏，但是一定要工整，每一个词都要相对，这对说话者是个很高的要求。一般情况下，想要思考一个对偶的句子，需要花费很多的时间，对于语感不好、知识积累不够的人来说，更是难上加难。所以，如果没有十足的把握，不要随便应用，以免说不好闹出笑话。但是一旦即兴发挥，表达出来，自然就会得到别人的掌声，从而鹤立鸡群。被恭维的人听到了，对你更加重视。所以，20岁以后的年轻人要多读书，多增加自己的知识储备，多培养自己的文化底蕴，以便在关键时刻用得恰到好处，不但能为自己事业的发展赢得机遇，还会融洽人际关系。

● 不妨背诵一些诗句

对偶的句子不是一般人所能作出来的，即使作出来也不会作得特别好。所以，在多读书的前提之下，不妨多背诵一些古人的诗词，流传到今天的古诗词基本上都是精华。多背诵一些，一来可以感受古人诗词的那种韵律美，增加自己的语感，二来可以为自己即兴发挥准备素材。积累一定的古诗词和优美的对偶句以便在关键的时候能够用上，对于一些恭维和赞美别人的古诗词和对偶句要着重留意。

● 把握好具体的情境

应用对偶来恭维别人的时候,要多加留意具体的环境,在合适的时间、合适的地点、合适的情境下恭维对方才能达到事半功倍的效果,否则只能徒增无趣。同时还要把握好使用的度。由于对偶很多情况下是在抒发情感,往往有很大的夸张成分,或者是为了刻意的工整而增大了语言的量,有的人把握不好度,让受恭维的人感觉很别扭,觉得你是在讽刺他。所以,用对偶来恭维别人的时候一定要把握好具体的情境,把握好恭维的度,让别人在听到你恭维的时候能够被感动。

第 08 章
让表达声情并茂：
用肢体语言促进沟通

　　在人与人交往的教程中，适当的肢体语言的表达，甚至比语言的表达更准确。因为人的语言或许会有假，但是身体是不会说谎的。所以，在人际交往过程中，肢体语言更能传达真实的内心情感。一个善意的微笑、一个亲切的眼神、讲话的语气语调、举止态度乃至服饰，都能准确地反映人物内心的真实变化，所以，在交流过程中适当地运用肢体语言去表达你的意愿，用身体传达信息，会让你的表达更具有吸引力。

赢在表达

内心的想法总能在脸上展现

<<< 口才实例

小军从小身体非常虚弱，常常被小朋友欺负，为此妈妈总是带着他去锻炼身体，希望通过锻炼能增强他的体质。小军一直坚持了七八年，从来没有放松过。但是到了15岁，小军一点也没有变强壮，常常被同学们嘲笑为"一棵弱不禁风的小草"。班里的一些女同学还开玩笑说要保护小军。

为此，小军常常感觉抬不起头来。在这次学校举行的运动会上，小军发誓一定要证明给全班同学看，自己是铁骨铮铮的男子汉。妈妈是学校的老师，也为小军鼓励加油。小军报了2000米的长跑，他觉得自己应该没问题，毕竟有七八年的锻炼了。

比赛当天，小军信心十足。一开始他就把别的同学远远落在了后面，可是渐渐地，他感觉有些支持不住了。两条腿像灌了铅一样，怎么也迈不动。后面的同学渐渐地赶上来了。突然间，小军一个跟跄摔倒在跑道上，他实在跑不动了。

就在他打算要放弃的时候，突然耳边传来了妈妈的加油声。小军挣扎着爬起来，一抬头的瞬间，看到不远处妈妈期待的眼神和熟悉的加油声。"小军，爬起来，坚持下去，不要让别人看不起！"听到妈妈的这句话后，小军浑身充满了力量，他一跃而起，迅速追了上去。就在最后的三秒钟，小军抢先碰到了终点线，小军赢得了最后的冠军。

从此以后，再也没有同学嘲笑小军了。

<<< 技巧点睛

当一个人在软弱的时候，需要别人的鼓励和加油。即使不会说什么，仅

第08章 让表达声情并茂：用肢体语言促进沟通

仅一个期待的眼神就足以让对方为之一震，从而有了继续坚持下去的理由。在人与人交往的过程中，用肢体传达信息扮演着非常重要的角色。尤其是面部表情的交流直接连通着心灵的沟通。除了会观察别人的表情之外，还要会用面部表情表达内心的感受。那么，到底应该如何用深情来和对方进行心灵的交流呢？

● 用微笑表达开心

一般情况下，一个人微笑表示这个人内心很愉悦、很开心。所以，在表达自己开心的时候，要微笑。在人际交往的过程中，如果你感觉到和对方交往让你心里舒畅，那么就给对方一个微笑。别人从你的微笑中获得了被肯定的信息，和你的交往和谈话就会继续进行下去。被别人肯定是件愉悦的事情，对方内心愉悦，把这份快乐又反馈给你。如此一来，双方在传递彼此快乐的同时，也获得了心灵的沟通。

● 用眼神表达悲伤

当一个人内心深处不愉快的时候，往往会从表情上传递出来，更准确地说应该是从眼神中流露出来。俗话说，眼睛是心灵的窗户。尤其是悲伤和绝望的时候，眼神伪装不了，也掩饰不了。所以当你和别人在交往的过程中，如果发现对方的眼神中流露出悲伤和绝望的情绪，那么对方内心深处一定有什么事情，这时候要及时地给予帮助和安慰。

● 用嘴巴表达拒绝

很多时候，当一个人内心深处对某个人、某件事不满意的时候，往往会保持沉默，用沉默来表达拒绝。在你和别人交流的过程中，如果发现对方始终没有过多的热情，始终保持沉默，不怎么说话，那么你就要注意了。有可能是你所说的话，或者所持有的观点引起了对方内心深处的不满，对方在用沉默来抗拒你，这时候一定要及时解开对方心中的疙瘩。当然，如果你对别人说的话或者做的事不满意，又不好意思直接拒绝的时候，不妨采用沉默的方式，让对方感觉到你的不满。这就是所说的用嘴巴表达拒绝。

赢在表达

丰富的表情让你的表达更有吸引力

<<< 口才实例

为了庆祝国庆,医院组织了"中国十月"的演讲比赛,刚刚大学毕业分配到医院的小宇也积极报了名。在经过一番积极的准备之后,很快到了演讲比赛的日子。小宇镇定自若地走上台去,做了一个独具匠心的开场白。

她的声音抑扬顿挫,时而低沉,时而高昂,听众的感情在她的引领下跌宕起伏,她的面部表情非常丰富,观众被深深地感染了。以至于在她的演讲进入高潮的时候,全场的听众竟然不约而同地站起来为她鼓掌,为她欢呼。虽然她的演讲已经结束了,但是听众还停留在她演讲时的状态中久久回味。

这次演讲比赛,小宇得了冠军。她丰富的面部表情将情感宣泄得恰到好处,不仅深深吸引了听众,还吸引了台上的评委,以至于评委们评判别的选手的时候都会情不自禁地以她为标准。

<<< 技巧点睛

人内心深处的情感变化,完全可以通过面部表情表达出来。所以在表达自己的时候,尽量学会用肢体语言,尤其是通过面部表情来表达内心的渴望、需求以及感受。这样,伴随着绘声绘色的语言表述,将情感宣泄得淋漓尽致。别人会被你深深地吸引,从而获得更多的朋友,更好地营建人脉关系。所以,20岁以后的年轻人要学会丰富自己的面部表情,让表达更加准确完整。那么,到底如何才能让自己的表情更加丰富,表达更加有吸引力呢?以下几点值得借鉴和参考。

- **了解各种情绪的表达方式**

面部表情的变化是内心情绪的晴雨表。要想让自己有丰富的面部表情,在表达的时候绘声绘色,那么就有必要了解各种情绪的表达方式。比如有人受了伤害,感觉很痛苦,他会眉头紧锁,嘴角下拉,或者是痛哭流涕,还有可能是

第 08 章　让表达声情并茂：用肢体语言促进沟通

目光呆滞，沉默不语等，这些不同表情的变化都表明对方非常痛苦。所以要了解一些基本的表达情绪的表情，这样，在你有情绪需要表达的时候，就会采取多种方式。这样一来，你的面部表情就会丰富，在辅助语言完成表达情感和传递信息的时候，就会绘声绘色，将别人的注意力牢牢地抓住。

● 观察出现各种表情的条件

外部条件往往制约和影响人的各种情绪，所以，有必要观察和了解出现各种表情的外部条件。比如对方非常开心，眉开眼笑，那么就要观察了解为什么以眉开眼笑的方式表达快乐？为什么不以别的方式来表达？比如开怀大笑，或者是谈笑风生等。当你观察了解了对方眉开眼笑的各种条件之后，你就会明白，什么程度的快乐需要眉开眼笑，什么程度的快乐需要开怀大笑。当你明白了这些之后，就会根据快乐的不同，采用不同的方式来表达，而不是自顾一个劲儿地傻笑。这样一来，别人就会根据你不同的表情来感受你不同的情感变化。当别人被你丰富的表达方式深深吸引住的时候，就是你成功应用面部表情传达信息的时候。

● 练习拿捏各种表情的表达

要想让自己的表情变化更丰富，光靠观察和了解是远远不够的，关键是要练习和掌握。所以，在平日里，多练习用各种不同的表情来表达不同程度的情绪，让自己的表情变化恰到好处。比如，表达幸福，有时候只需要一个满足的眼神，有时候还需要一个甜甜的微笑，有时候还要有憧憬。那么，就要明白用一个满足的眼神能表达什么程度上的幸福，甜甜的微笑会在什么程度上出现才合适等。对各种表情出现的程度一定要拿捏准确，否则会给别人传递错误的信息。

使用恰当的手势让表达更清晰

<<< 口才实例

王亮和张凯都是某大学电子系大二的学生，他们对国学非常感兴趣，所以经常抽时间去听课。国学教授是个50岁出头的学者，他非常喜欢别的院系的

学生前来听课，并且在课间经常辅导他们。可是奇怪的是，王亮和国学教授交流得非常好，可是张凯交谈一次之后，就再也没有获得这样的机会，尽管张凯对国学的热衷程度要高于王亮很多。这到底是怎么回事呢？原来这与他们两人在交流时的手势有关系。

每次国学教授和王亮交流的时候，王亮总是很恭敬，在发表不同意见的时候，总是伸开胳膊，伸开双手，显得非常开放。所以尽管在一些问题上有不同的看法，但是教授依然很欣赏他。但是张凯就不同了，总是把胳膊交叉抱在胸前，给人以拒人千里的感觉。尽管王凯对国学很有见地，但是错误的肢体语言让别人不喜欢他，从而拒绝与他交流。

<<< 技巧点睛

在人与人交往的过程中，适当的手势能辅助语言的表达，甚至比语言表达得更准确，因为人的语言或许会有假，但是身体是不会说谎的。所以，在人际交往过程中，肢体语言能传达真实的内心情感。尤其是手势更能准确地反映人物内心的真实变化，所以一定要多注意手势的表达，避免错误的手势传达错误的信息。尤其在与人交流的过程中，对方关注你的眼神的同时，还会关注你的手。所以，在人际交往过程中，一定要学会用适当的手势来表达情感。那么，对于20岁以后的年轻人来说，到底如何适当地应用手势来传达信息呢？

● **手势的使用要合乎惯例**

在使用手势的时候一定要注意，你所使用的手势是大家都认可和知晓的，这样，你使用手势才能准确地传达你想要传达的意思。如果你使用的手势别人看不懂，不但不能将你所表达的意思传递给对方，还可能会因此而引起误会，引来不必要的麻烦。比如介绍的手势、指示方向的手势、请的手势、鼓掌的手势等，都有其约定俗成的动作和要求，不能自己想当然地乱用。一般情况下，当看到自己不了解的手势时，大多数人都会保持沉默，注意观察，或者是从对方的口头语中获得相应的信息。但是有时候，有些人会误解你的意思，从而作出错误的决定。

第 08 章　让表达声情并茂：用肢体语言促进沟通

● **手势的使用要适度**

在使用手势表达的时候，要适度，不能不用，也不能滥用。有的人在与人交流的时候，两只手总是安静地待着，一动也不动，这给别人一种不舒服的感觉。事实上，在交流的时候，别人会观察你的身体语言，除了眼神以外，还会观察你的手。所以，在社交的时候，要适当地使用手势语。当然，也不能滥用、乱用。不管做什么都要有个度，如果过度了，就会给别人带来压力，同样，使用手势语也是一样的。比如说，握手表示欢迎，可是有的人一见面就跟你握，而且握住还不放手。试想一个人一天之内跟你见三次，还要跟你握三次手，而且每次都握住不放，谁能受得了。所以，手势语的使用要有个度。

● **手势的使用要避免雷区**

手势语的使用也有很多的忌讳。如果不了解，就会给别人带来不好的印象，给人际交往蒙上阴影。所以，有必要掌握一些手势语使用的禁忌。在介绍某人或为他人指路的时候，要使用手掌，四指并拢，而且还需要掌心向上，这样会给别人一种受尊重的感觉。不能用手指对别人指指点点，生活中的很多人总是在不经意间用食指指人，这是非常不礼貌的做法。在与人交流的过程中，手势的幅度不宜过大，更不要手舞足蹈。一般情况下，手势不应该超过对方的视线，下界不低于自己的胸区，左右摆的范围不要太宽，应该在人的胸前或右方进行。总之，在使用手势语的时候，要多了解禁忌，避免因为自己的不了解而让人产生误会。

得体的形象让交流更愉快顺畅

> **<<< 口才实例**

小慧人长得非常漂亮，但是在衣着打扮上却很随意。她总是觉得没有必要为了世俗的审美观而浪费自己的时间。

一次,为了贴补家用,小慧决定开一家出售天然化妆品的商店。但是开这样一家小店需要2万块钱的资金。她没有足够的钱,于是决定向银行贷款。这天,小慧上身穿一件旧T恤衫,下身穿一条洗得发白的牛仔裤来到了银行。

当她把自己想要贷款的要求提出来之后,一位经理接见了她。等她陈述完之后,经理认真地从头到脚看了她一遍,二话没说,拒绝了她的要求。小慧沮丧地回到家,她的男朋友说:"银行是一个投资机构,不是救济所,在这里,T恤衫和牛仔裤是没有说服力的。"

随后,在男朋友的陪同下,他们去购买了西装,还写了可行性报告,另外附有预估的损益表及一大沓文件附页,连同自家的房产证都装在一只精美的塑料卷宗夹里。这次,他们没费口舌就得到了贷款。

<<< 技巧点睛

心理学家研究发现,第一印象7秒钟可以保持7年,一旦形成,就很难改变。由此可见,形象对一个人来说多么重要。事实上,很多时候,人都是通过外表来获得第一感官印象的。一个人究竟是好人还是坏人,基本上都是从相貌来看的。一般情况下,人对感觉好的人愿意多接触,对感觉不好的人不愿意多接触。所以,千万别忽略自己的形象,它会给你带来人缘、机遇和财富。20岁以后的年轻人在社交的时候一定要多注意自己的形象。那么,在具体的操作过程中到底该怎么做呢?

● 穿着搭配要和谐

"和谐就是美",一个人的长相是没办法选择的,但是一个人的气质是可以塑造的。其中,气质的塑造除了一个人本身的学识修养以外,还要靠服装来装饰。在穿着打扮的时候,搭配一定要和谐。衣服和裤子搭配要和谐,鞋子和服装搭配要和谐。红衣服搭配紫色的裤子自然不怎么好看,西服搭配运动裤也没有美感。所以搭配不但款式要讲究和谐,颜色也要讲究和谐。除此之外,男人还需要注意衬衣和领带以及西服之间颜色与款式的和谐。女人要注意身材和款式之间的和谐,身材胖者,多穿宽松一些的款式,身材瘦者,可以穿紧身一些的款式。总之,不管怎么穿,要总体看起来和谐,因为和谐能给人一种美的

第08章 让表达声情并茂：用肢体语言促进沟通

感觉。这种感觉往往会让对方觉得你的人脉是否广泛，人际关系是否和谐。

● **要注意个人卫生**

个人卫生对一个人的形象的影响也非常重要。很难想象，一个蓬头垢面的人能带来好的人脉关系。相反，大多数人都不喜欢和肮脏、邋遢的人说话和交往。所以，一定要多注意个人卫生。平日的衣服要一周洗两次，贴身的衣物要保证每天清洗。当然，每天要保证洗澡。鞋子出门前一定要记得打油，如果是运动鞋，或者是布鞋，一定要洗干净。头发和脖子要勤洗，尤其是一些平时不注意的死角，要清洗干净。耳朵也要经常清洗，最好是每次洗脸的时候清洗一遍。指甲要勤剪，指甲缝里要保持干净，不能藏污纳垢。同时，手也要清洗干净。在人际交往过程中，良好的个人卫生往往能给人一种清新的感觉。

● **随同环境而改变**

和谐的打扮除了服装的打扮要适当之外，还要与具体的环境保持和谐。也就是说，穿着打扮要与具体的环境相适应。比如在运动会上，就需要穿运动服，至少应该是相对宽松的服装，有利于运动，如果穿西服或者是裙子就会与周围的环境格格不入。当然，在婚礼上或者是重要的宴会上，就需要穿相对正式一些的服装。如果穿个短裤出现，不但是对主人的不尊重，还会因此成为大家的笑料。所以，一定要根据不同的环境穿不同的衣服。当然还包括根据温度的改变而改变着装。如果天气很冷了还穿短袖，或者是天气很热了还穿棉衣，就与周围的环境不相符合。

坐相和站相体现你的气质和涵养

<<< **口才实例**

王雪娜大学毕业后，在一家杂志社上班。最近单位安排她去采访一位重要的企业家，王雪娜预约了对方，而且见了面聊得非常投机。但是，聊着聊着，

企业家脸色大变，对王雪娜表现出了明显的厌恶情绪。最后找了个借口，拒绝采访继续进行下去。

王雪娜丈二和尚摸不着头脑，不知道到底自己怎么了，惹对方生这么大的气。事实上，王雪娜并没有说错什么，只是她的一些举止太过随意，让企业家实在看不下去了，从而产生了厌恶情绪，最终终止了采访。

原来，那天天气非常热，王雪娜穿着连衣裙，气质非常好。但是在采访过程中，王雪娜竟然拿起裙子的前摆当作扇子扇起风来。更让人接受不了的是，她跷着二郎腿，再加上拽着裙子的前摆太紧，把一边的内裤露在了外面。

企业家忍耐着不发作，几次暗示王雪娜。可是王雪娜根本没有注意到企业家的暗示，而且把裙子的前摆拽得更紧，内裤无疑露得更多。这给企业家留下了非常糟糕的印象，因为在他的眼里，王雪娜轻佻、风骚，是对他的侮辱。

<<< 技巧点睛

"坐有坐相，站有站相"是对一个人行为的基本要求。尤其是在人际交往过程中，站姿或者是坐姿的不雅观，往往会让人望而却步。一个人站有站相，坐有坐相，最起码是对对方的尊重。试想，一个不懂得尊重别人的人，怎么可能有涵养、有修为呢？所以，在人际交往过程中一定要注意，要坐就要规规矩矩地坐着，要站就要老老实实地站着。一个对自己认真的人，才会对生活认真，而一个对生活认真的人，才会对别人认真。那么，在生活中，到底怎样做才算是"坐有坐相，站有站相"呢？

● 坐要坐得稳重

在人际交往过程中，双方入座、交谈是避免不了的事情，因此一个人的坐姿对于交谈能否顺利进行有至关重要的作用。入座的时候，动作一定要轻、要缓。如果去拜访对方，别人请你坐，一定要表示感谢。入座后，尽量坐端正，脊柱向上伸直，挺胸抬头，把两脚平行放好，眼睛自然向前平视。这样让别人觉得你很重视和对方的交谈。两脚并列或前后稍稍分开，双手轻轻搭放在沙发扶手上或双手相交，搁在大腿上。坐下之后，如果对方暂时有事离开了，不要

第08章 让表达声情并茂：用肢体语言促进沟通

左顾右盼，也不要低头看自己的脚尖，以免给别人留下轻浮的感觉。从坐姿中能看出人的性格，所以如果是初次交流，尽量要学会守规矩，要表现得沉稳一些。这样才会给别人留下比较好的印象，帮助营建良好的人际关系。

● 站要站得端庄

站立能展现一个人的形象气质。一个人有了良好的气质，会赢得良好的人际关系。所以站立的时候，身体自然直立，挺胸收腹，让身体的各部分尽量舒展。头要保持中立，不能东偏西歪，脖子也要自然，不要往前伸，两肩尽量保持平稳，胯不能松弛，膝盖不要弯曲。在会见客人的时候，或者是有长辈在场时，要把双手自然下垂，女士两手相扣，自然放在小腹前，表示对对方的谦恭。这时候最忌将手交叉抱在胸前，因为这表示着一种傲慢和无理，把手放在后面也不合适，两手叉腰就更不合适了，这表达了对对方的挑衅。当然也不要把手放在裤兜里，这同样是对对方的不尊重。

● 要大气又不失风采

不管是坐着还是站立，都要展现出大气而又有礼数的形象，给对方留下好印象。好印象是成功社交的前提和保障。有的人，坐在沙发上一动不动，难免会给对方留下呆滞的不良感觉，同时还会使交谈的双方徒增拘谨，不利于交流的正常进行。而有些人总是坐不住，稍微时间长一些，就开始不断地抖动双腿，或者是身体前倾，把腿叉开以便支撑，更有甚者躺靠在沙发上。这样给对方一种极不尊重人的感觉，别人心中对你产生了不满，自然交流也就不能顺利地进行。有的人站立姿势很不注意，不但双腿分得很大，而且还故意腆着肚子，有的人把一条腿吊起来，重心放在另外一条腿上，这些姿势也很不雅观。不论是站或者坐，都要彰显大气而又不失礼节。这样，双方的交流才能在愉悦的感觉中进行。

第 09 章
用自嘲表达你的态度：
摆脱窘境拉近关系

几乎所有的人在为人处世方面更多的是将自己的优点展示给别人，而将自己的缺点深深地隐藏起来，甚至不愿意将自己的缺点展现出来，哪怕是微小的一点点。其实，很多时候我们不应该怕将自己的缺点和短处展现出来，而是应该注意当别人拿你的缺点和短处说事的时候，我们应该怎样去面对。在这种情况下，自嘲可以成为摆脱窘境的一种方法，甚至会赢得大众对自己的同情和帮助，得到意想不到的收获。

第09章 用自嘲表达你的态度：摆脱窘境拉近关系

用自嘲为自己消除窘境

<<< 口才实例

抗战胜利以后，张大千从上海返回四川老家。临行前，众多好友设宴为他饯行，并特地邀请了梅兰芳等人作陪。

张大千第一次与梅兰芳相见，他们两人相谈甚欢。宴会开始前，大家请梅兰芳坐首座。

张大千说："梅先生是君子，应坐首座，我是小人，应陪末座。"闻听此言，众人都不解其意，以为两人有什么过节。而他的好友甚至开始给他使眼色，暗示他不要在如此重要的场合驳了梅先生的面子。

只见张大千不慌不忙地解释说："不是有句话叫'君子动口，小人动手'吗？梅先生唱戏是动口，而我作画是动手，所以梅先生是君子，而我则是'小人'。我理应请梅先生坐首座。"

满堂来宾闻听此言都为之大笑，一颗悬着的心都放了下来，并请他俩并排坐首座。

后来，梅兰芳每每提及张大千都不忘说起这件事情，以称赞张大千的幽默与智慧。

<<< 技巧点睛

善意的自嘲有时候可以带来意想不到的效果，甚至带来意想不到的乐趣。故事中的张大千自嘲为"小人"，看似自贬，其实是"醉翁之意不在酒"，用自嘲的手段表现了他豁达开朗的性格和胸怀，也一下子拉近了与陌生人的距离。

在平日里与人交往，与其在人前蒙羞，处境尴尬时，不如用自嘲来对付窘境，不仅可以很容易使自己找台阶下，也可以达到幽默的效果。既能体现自己的智慧，又可以给人带来乐趣，何乐而不为呢？在欢快的笑声中，你可以给第一次见面的人留下美好的印象，也可以使本来不容易办到的事情变得很容易办到，因为有你在的地方可以给人带来乐趣。

● **自嘲中体现智慧与幽默**

在很多时候，自嘲也是一门学问、一门艺术。如何将这门艺术运用好，就体现着自己的智慧。在生活中可能经常碰到这种情况，有些人善于用自嘲将自己遇到的窘境转嫁到一个虚无的人身上，并能给别人带来意想不到的笑声，这真正体现着这个人的智慧。一个胖人不小心在大庭广众摔了一跤，他爬起来说："幸亏我这一身肉，要是个瘦子，只怕今天骨头要折了。"一句自嘲的妙语，引得在场的人都哈哈大笑，自然这位胖人在众人的笑声中也免去了难堪的窘境，体现出了自己的智慧和幽默，给周围的人增添了几分乐趣。幽默诙谐的自嘲，不需要当事人刻意地去掩饰窘境，在人们善意的笑声中，周围的人也不会再去斤斤计较，很快就会淡忘窘境。

● **得体的语言和行为举止**

现代人在面临窘境的时候，常常有一些不好的习惯用语，甚至有人会破口大骂，让周围的人觉得这个人没有很好的涵养，甚至让人觉得没有教养。同样，有人在自嘲的情况下，有意无意之间也会流露出一些不好的行为习惯和用语，如在公共场合破坏公共财产等。那么，在这种情况下，周围人的笑声也会是嘲弄你的笑声，甚至是瞧不起你，会使你所处的境地更加难堪。所以，在面临窘境的时候，得体的语言和行为举止可以使你避免陷入更尴尬的局面。至少你不会说或者不会做与周围环境不协调的语言和行为，那样，你面临的尴尬窘境就已经解决了一半。

● **以自嘲和大家同乐**

不管遇到什么样的窘境，自嘲都会让你备受欢迎。同样，自己真心实意的

第09章 用自嘲表达你的态度：摆脱窘境拉近关系

自嘲会让自己和众人都开心。不要觉得自己遭遇尴尬或者做错了事情就是不好的事情或者说心情就会坏到极点，其实，完全没有这个必要。例如，你做错了事，你可以对大家说："瞧，世界上没有哪个人是完美的，我就是一个最好的证明。"同时你还可以回报大家一个会心的微笑。这样，以自嘲和大家同乐，自己的心情也不会因为这件事而过分低落。大家也会更加信任你、敬重和佩服你，而你自己的心情也会自然好起来，尽快地投入到工作和学习中来。

自嘲地拒绝可以让人不失面子

<<< 口才实例

20世纪50年代初，有一次，美国总统杜鲁门会见麦克阿瑟将军。

麦克阿瑟因战功卓著，在军界和政界都享有很高的声誉，所以在会见中显得十分傲慢。在会谈过程中，当屋子里只有他们两个人的时候，麦克阿瑟拿出烟斗，装上烟丝，把烟斗叼在了嘴里，并取出火柴。当他准备划燃火柴时，才停下来，对杜鲁门说："我尊敬的总统先生，我抽烟，你不会介意吧？"

很显然，这不是在真心征求对方的意见，在他已经做好准备的情况下，如果对方说介意他抽烟，那就会显得粗鲁和霸道。这种缺少礼貌的傲慢言行使杜鲁门很是有些难堪。

然而，他只是笑着看了麦克阿瑟一眼，耸耸肩，自嘲道："抽吧，将军，别人喷到我脸上的烟雾，要比喷在任何一个美国人脸上的烟雾都多。"

麦克阿瑟闻听此言，觉得有些不好意思，于是自己将烟斗收了回去。

<<< 技巧点睛

由此可见，当令人难堪的事情将要发生或已经发生的时候，运用自嘲的手

段可以委婉地拒绝，使事情出现转机，也会使你的自尊心通过这种方式得到保护，同时不会引起他人很强烈的反感。在生活当中，我们会碰到很多诸如此类的事情。尤其是当年轻人遇到这类事情的时候，很容易冲动，认为这是对自己的不尊重和不礼貌，说话会带着浓浓的火药味，那样既使自己不快乐，同时也会引起别人的反感。那么，在这个时候，自嘲的手段就会显得尤为重要。通过自嘲，我们可以充分表达自己的意愿，又可以委婉地拒绝事情的发生，既为自己赢得了面子，也给足了别人面子，一举两得。

● **在自嘲中赢得自尊**

我们都知道要想赢得别人的尊重，首先自己就要先尊重别人。在当今快节奏的生活环境下，许多人紧跟节奏，却少了一丝幽默与诙谐，这一点尤其表现在当今的年轻人当中。有时候人们开一个善意的玩笑，往往都会引发争吵。这样与人相处，自然得不到别人的尊重，甚至有可能被周围的人孤立。那么，我们可以在争吵中试着去学会自嘲，就算是别人的一个玩笑拿自己开涮，我们也可以通过自嘲来化解，以这样的方式既尊重别人，增加感情，又可以赢得别人对自己的尊重。不与别人在这些事情上非要争个高下，才能显出自己的水平来。相反，一个说话粗鲁、没有礼貌、随便打断别人说话的人，是任何人都不会喜欢的。

● **在自嘲中学会说话**

在生活中，通过自嘲学会去拒绝别人也是一门学问。当一件事情发生时，如何拿捏话语的分量，也是十分重要的。同样拒绝别人的一句话，从一个人嘴里说出来，尽管被拒绝了，大家也会觉得十分舒心。而从另一个人嘴里说出来，大家就觉得不那么顺耳了。在生活中我们常常会去商场买东西，当我们挑到一件商品发现它有瑕疵时，有的售货员就会说道："就这样的东西，你爱买不买。"而有的售货员就会说："啊，是啊，这件东西真是这批中的另类，我可以帮您找一件同类的。"想想看，如果碰到前一个售货员，我们的心情可想而知。众所周知，如果别人有求于你，你明言拒绝别人是不礼貌的行为，也会使别人觉得难堪。而运用自嘲的手法，我们就可以委婉地拒绝别人。

第09章 用自嘲表达你的态度：摆脱窘境拉近关系

● **在自嘲中学会拒绝**

两个打工的人找到在城里工作的朋友小张，对小张倾诉打工之苦，又说租房还没找到合适的，住旅店又住不起，言外之意是要在小张这里借宿。小张自嘲道："我这耳朵眼儿大的房子住着一家三口，我儿子晚上都是睡沙发，你们来看我，我真应该好好留你们住几天。"两位同乡一听，只得知趣地离开了。

现代年轻人喜欢说话直来直去，其实有时候我们不妨学学怎么去拒绝别人。拒绝别人有很多种方式，在自嘲的同时又可以暗示别人自己所处的尴尬境地，不失为一种好的方式。我们要在自嘲中学会委婉地拒绝别人，在自嘲中解决问题。

尴尬和僵局用自嘲来化解

<<< 口才实例

有一个人在一家餐馆就餐时，发现汤里有一只苍蝇，不由得大动肝火。

他先是找来服务员理论，对方全然不理。服务员的这种态度使他怒火中烧。后来他怒不可遏地找到餐馆老板，提出抗议："这一碗汤究竟是给苍蝇的还是给我的，请你解释解释。还有你们这里的服务态度实在是太差劲了，我要投诉你们！"

那位老板只顾一个劲儿地训斥服务员，却全然不理睬他的抗议。他只得对老板说道："对不起，请您告诉我，我该怎样对这只苍蝇的侵权行为进行起诉呢？"

那老板突然一怔，停止了对服务员的指责，意识到自己的错处，忙叫人换来一碗汤，谦恭地对那个人说："你是我们这里最尊贵的客人！欢迎您以后继续对本店多提宝贵意见。"

而此时那个服务员也意识到自己的错误,连连向他道歉。

<<< 技巧点睛

在维护自己正当权益的时候却使自己陷入了两难的境地,这是我们经常在日常生活中碰到的事情,在尴尬的境地年轻气盛的我们更容易发脾气。要是在这种时候碰到对你不理不睬的人,那么你会觉得更加尴尬。那么,我们可以运用自嘲的手段,来打破僵局。运用自嘲的手法,我们不仅可以打破尴尬的僵局,解决问题,同时也可以赢得别人对自己的尊重,让人觉得你是一个有良好修养的人。

● 不要纠缠不清

出现僵局的时候,我们应该以自嘲的方法降低姿态来缓和僵局,即使自己有理,也不要抬高姿态,盛气凌人。那样无助于问题的解决,反而会越来越僵,到最后局面只能是无法收拾。我们要做一个善于运用自嘲的手段来打破僵局的人,不要老是觉得自己吃亏了,那样弄得自己反而不舒服。僵局出现的时候,自己以自嘲缓和一下局面,不一定代表自己就是错误的。强词夺理、盛气凌人,反而会让人更加鄙视你,即使是对方错误,人家道歉也不会是心服口服的。所谓"得饶人处且饶人",就是这个道理。

● 善于打破僵局

在僵局出现的时候,我们要善于并且勇于去打破它。有的人在僵局出现的时候,抱以一种事不关己的态度,反正僵着就僵着,又不是我一个人的事情。这样的态度就是有问题的。比如,我们用的电子产品出现故障,找到了售后人员。反正我是上帝,我就等着你给我处理问题,还时不时地催促人家,并且不时地絮叨自己多忙等。这个时候,大多数售后人员都会心生厌烦,只想早些摆脱你。其实这个时候,一个微笑、一句自嘲的话语就可以打破僵局,使事情出现转机,人家也不会对你心存芥蒂,服务态度肯定好。而且我们自己也会心情舒畅,一切问题都会迎刃而解。

第 09 章　用自嘲表达你的态度：摆脱窘境拉近关系

● **适可而止，不要让自己成为笑柄**

有的人天生具有笑星的天赋，无论处在何时何地，都是受人欢迎的对象。同时也甚至是一个自嘲的好手。但是，这些"嘲人"不管拿自己还是别人，开起玩笑来没完没了。这也是一个不好的现象，甚至还会真正成为别人的笑话。例如在座谈讨论的时候，会前适当地"嘲"一两句是可以的，但是把这种"嘲"的风格一直带到会场，就是不合时宜的。所以，通常情况下，点到为止，让别人意会就可以了，不需要喋喋不休，过分自嘲。过分自嘲，也会引发交际危机，使局面更加难堪。

自嘲可以为自己赢得好感

<<< 口才实例

小王家境富裕，父母都是社会名流，所以一家人对面子问题十分看重，不肯在别人面前丢面子。

小王处了一个对象，她聪明伶俐，机智过人，但是有点大大咧咧。这天，小王第一次带女朋友回家见父母，心里都有点儿忐忑不安，生怕小王父母看不上女朋友，不同意这门亲事。所以，姑娘显得有些小心翼翼。

姑娘见过小王父母后，大家不咸不淡地拉拉家常。不知不觉快到中午了，就在这时，坐在沙发上的小王的父亲肚子咕咕地响了起来，在场的人都听了个一清二楚，大家你看看我我看看你，小王的父亲觉得很没面子。

这时，只见姑娘不慌不忙地说道："伯父伯母，你们听，我肚子都饿得咕咕直响了，开始唱空城计，向我抗议了。"小王父母一听，会心地一笑说："就是就是，你看看我们差点儿就聊过头了。好！咱们一起去吃饭。"

后来，小王和那个姑娘的亲事自然而然就成了。

赢在表达

<<< 技巧点睛

自嘲可以给自己留有很大的空间,也可以给别人留有很大的空间,而且有时候还可以赢得别人意想不到的好感,增加自己处理问题的筹码。善于自嘲的人,往往会给人留下美好的印象,显示出自己的智慧与幽默,而这种人也往往会很"吃得开"。每个人都会遇到尴尬的境地,对于别人所处的这种境地,我们有时候也要表现出"嘲人"的智慧,来显示自己的智慧与大度,赢得别人的好感。

● **自嘲最保险**

有句俗话叫作"不打笑脸人",这句话是十分有道理的。同样,当别人处在尴尬之中时,自嘲也是最保险的,而且能很轻易地赢得别人对自己的好感。一家蔬菜公司的副科长负责到郊区调运鲜菜,卖方想趁机捞一把,索价很高,双方僵持不下。眼看城里市场的蔬菜供应严重不足,快要脱销了,心急如焚的科长却摆出一副泰然自若的样子,自嘲道:"其实,你们把我看高了。我不过是个小科长,还是副的,我手里能有多大的决定权?再说,夏天这么热,我花大价钱买一堆烂菜帮子回去,能担当得起亏损的责任吗?"卖方不禁大为泄气,动摇了索要高价的决心,并且对科长的"苦衷"与"难处"还产生了某种同情心,不得不妥协。最后终于降低了菜价,达成了协议,该科长则顺利地完成了蔬菜调运任务。

● **自嘲使别人有自知之明**

希腊哲学家苏格拉底的妻子是个暴脾气,常对他发脾气。一次,妻子又发起脾气来,大吵大闹,很长时间还不肯罢休,苏格拉底只好退避三舍。他刚走出家门,那位怒气难平的夫人突然从楼上倒下一大盆水,把他浇得像只落汤鸡。这时,苏格拉底打了个寒战,不慌不忙地说:"我早就知道,响雷过后必有大雨,果然不出我所料。"妻子闻听此言,火气已经消了一半。

显然,苏格拉底带有自嘲意味的讥讽,使他从窘境中解脱出来,显示了极

第 09 章　用自嘲表达你的态度：摆脱窘境拉近关系

深的生活修养。同样，也使他的妻子认识到了自己的错误。自嘲不仅可以给人带来快乐，拉近与陌生人的距离，同样可以教育别人，赢得别人对自己的好感。

● 自嘲中体现自己的幽默与大度

通常情况下，个子矮的人是不愿意听别人说他矮的。但是，有的人就乐于拿自己个子矮这件事情来自嘲，既取得意想不到的效果，也增加了别人对自己的好感。

含沙射影，用自嘲警示他人

<<< 口才实例

某老师广东口音，普通话不过关，有时候常常在上课时因为发音不准而让自己陷入尴尬两难的境地。

有一次上语文课，讲到某一问题要举例说明时，他把"我有四个比方"说成了"我有四个屁放"，学生们都一愣，顿时教室里像炸开了锅，学生乐不可支。一时间，老师也显得十分尴尬。

老师灵机一动，索性停下了讲课，自嘲地吟出一首打油诗："四个屁放，大出洋相，各位同学，莫学我样，早日练好普通话，年轻潇洒又漂亮。"

老师的机智幽默立刻赢得了学生的热烈掌声，学生们也在老师的自嘲中认识到了学好普通话的重要性。

<<< 技巧点睛

自嘲可以赢得别人的好感，可以打破僵局，增加乐趣，同样也可以起到训诫警示的作用，使别人在笑声与好感中，吸取教训。当我们受到不公平的待遇

或遭到令常人难以忍受的委屈,甚至是愤怒得想破口大骂时,也不妨自嘲一下。在婉转地化解窘境的同时,又可以带给别人警示,这也不失为一种良好的为人处世之道。有时候,含沙射影也可以用在这种状况之下。

含沙射影

《晏子使楚》的故事大家也许都知道。楚王羞辱齐国多出偷窃的人,晏子自嘲,齐国人在齐国都是品行端正的人,而一到楚国就偷窃是因为水土不服。有时候即使对方无理取闹,自己也不可以恼羞成怒。这个时候,我们不妨学学晏子,自嘲一下,告诉楚王,不是齐国多出偷窃的人,而要警示作为一国之君的楚王,是他没有把楚国治理好。含沙射影,不是要我们去"暗箭伤人",而是让我们在谈话的过程中,给羞辱我们的人以有力的回击。用自嘲的手法,既可以警示别人,又可以解决自己的窘境,总比我们大发雷霆的处理方式要好得多。不过含沙射影式的手段需要我们有高超驾驭语言的能力;反之,就会伤害自己。

● 适当地讽刺一下无理取闹的人

对于无理取闹的人,我们也可以适时给予自嘲式的反击。有一群人在酒吧看中国足球队的比赛,其中一伙人预言中国队必胜,而另一伙人则预言中国队必败,最后甚至吵了起来。

这时候,只见一个人不紧不慢地站起来对两伙人说道:"我也是一个预言家,在中国,帮中国足球队算命的预言家很多,但真正能踢球的人却少之又少。"两伙人听完立刻鸦雀无声。对于无理取闹的人,我们可以适时地讽刺一下他们。自嘲的手段既显现不出我们有训导人的口吻,又可以使我们更好地解决问题。坦然地承认现实,讽刺对方,而又嘲笑自己,在粗鲁和蛮横的侵犯面前,保住了自己的尊严,同时又表现出一种宽容厚道的气魄,从而在精神上战胜了对方。引人发笑和引人深思的成分不少,让人起敬的成分更多。

● 在自嘲中训诫警示

对于别人的训导,在很大程度上来说人们都是不愿意接受的。既然我们不

第09章 用自嘲表达你的态度：摆脱窘境拉近关系

愿意别人来训导自己，那么我们就不要去训导别人，应该换一种方式来警示和训诫别人。有一个掉光了头发的人去饭馆吃饭，一个服务员端着一碗汤不小心洒在了他的头上。当时他很恼怒，但他对服务员自嘲道："嗨，伙计，我的头上根本就长不出头发了，不要在我头上乱抹药了。"一句话说得服务员不好意思了。

自嘲是一把双刃剑，剑柄就握在我们自己手里，用得好，就会给我们带来意想不到的好处。相反，用不好，就有可能伤人伤己。在自嘲的过程中不但能使自己认识到自身的不足，而且还能让别人对你刮目相看。凡是能用最高境界的幽默——自嘲作为武器者，便堪称人际交往场上的"无冕之王"，怎能不受人欢迎和尊敬呢？

第10章
幽默表达激发好感：
迅速获得好人缘的技巧

人与人的交往，常常需要一种特殊的语言来消除摩擦，拉近人与人之间的距离，就像是几个零件之间需要一点油来起润滑作用一样。一个会说话的人、懂得幽默的人，在说话的时候往往时机把握得比较准。在一场交流当中，你如果不掌握谈话时机，趁人不注意时突然冒出一句与谈话主题不相干的话，会让别人以为你很傻。在充分了解了谈话者的目的之后，经过三思凝练出一句令人深思又觉得比较幽默的话，这时你的一句话就起到了润滑谈话过程的作用。恰如其分地把你要表达的话发挥在关键时刻，便起到了事半功倍的效果，何乐而不为呢？

第10章 幽默表达激发好感：迅速获得好人缘的技巧

掌握歇后语和俗语的使用

<<< 口才实例

唐朝的时候，国家昌盛、人丁兴旺。到了唐朝后期，在官场上逐渐出现了买官、卖官的现象，导致那时的官场乌烟瘴气。

在一个偏远的小县城，县太爷为了给自己赚点外快，便开始向下面的人卖官。好多有钱人都给县太爷送了银子，很快就被安排到各个岗位上去了。唯有一位书生也想当个小官儿，想尝尝官味儿。他一直和这位县太爷关系很好，所以他也被列入了候选人名单。可是他就是没有钱可送，所以迟迟等不到分配的消息。这个书生心里又急又气，于是在鞋带上系了一百多个铜钱，咣当咣当地去见他的老朋友县太爷。

县太爷见了很奇怪，指着钱就问："你为什么把它系在鞋上呢？"

这个书生回答："俗话说'有钱走遍天下，没钱寸步难行'，我因为寸步难行才把钱系在鞋上的啊！"

县太爷听了知道是在讽刺他这个好朋友，羞得面红耳赤。

<<< 技巧点睛

上面的故事当中，书生就是运用了"有钱走遍天下，没钱寸步难行"这样的俗语讽刺了县官只认钱不认人的丑行。这也和我们现在社会里所说的"有钱能使鬼推磨""钱不是万能的，但是没有钱是万万不能的"这样一些俗语基本相像。要看一个人掌握的词汇量有多少，我们可以从与这个人的谈话交流当中得知。那么一个掌握了大量的俗语和歇后语的人，在谈话交流的过程中他可以

把这些词汇运用自如吗？不一定。那么，在人与人的交流过程中我们如何才能掌握并运用好歇后语和俗语呢？

● **学习更多的歇后语和俗语**

一个富有谈话经验的人会告诉你，在交流的过程中适当运用歇后语和俗语会增加谈话的成功率。与别人交流，本身就是一种学习，学习别人好的谈话技巧，学习和不同的人沟通的方式，甚至要学习别人说话的词汇。同一句话在不同的人口中出现，听起来有不同的味道，这就是需要我们学习的技巧与方法。要想把话说好，就需要大量的词汇来丰富我们的语言，就需要我们不断地学习各种语言和词汇。当掌握了大量的歇后语和俗语，并将它们付诸交流之中，方能真正显示我们谈话时表现出来的魅力和风格。

● **掌握歇后语和俗语背后的故事**

有些歇后语和俗语往往含有深刻的含义，在它们逐渐发展演变的过程当中所表达的意义也发生了相应的变化。有时候还要需要我们挖掘出这些歇后语和俗语背后的故事，了解它所表达的不同含义，才能真正做到心中有数、胸有成竹。

● **用好歇后语和俗语将会事半功倍**

在交流的过程中，运用歇后语和俗语目的就是让双方的谈话更加融洽、更加和谐。在交流中，如果用直白的话语与对方谈话，一场谈话结束后，对方对你的谈话很可能是像喝了一口白开水一样，索然无味。谈话没有给对方留下什么印象，那不是白费口舌了吗？所以在交流时也要注意语言的润色，需要歇后语或者俗语来丰富我们的语言了。和别人的谈话要注意自己谈话时的形象，这种形象不仅包括肢体形象，还包括语言形象。好的肢体形象会给对方留下好的第一印象，好的语言形象则能给对方留下永远的心理印像，他人甚至在谈话时会提到你的名字，便是提高你在人际交往圈整体形象的最好证明了。

第 10 章　幽默表达激发好感：迅速获得好人缘的技巧

使用双关语引出趣味话题

<<< 口才实例

从前有这样一个地主，总是肆意挥霍剥削农民得来的血汗钱。这个地主有个嗜好就是爱吃鸡。于是在他的土地租赁协议里便多了这样一条潜规则，每一个租种他土地的佃户，在交纳地租的同时还要给他送一只鸡。

年终了，有一个佃户王大嘴去给地主交纳地租，并要租种下一年的土地。他把要给地主的那只鸡装在一个袋子里，地租交完了，谈到下一年的土地租用时，地主见王大嘴两手空空没有鸡，便心中不悦，两眼朝天说："此田不予大嘴种。"王大嘴明白这句话的意思，立刻捉出袋子里的那只鸡。

地主见了鸡，心中大悦，马上改口说："不予大嘴却予谁？"

王大嘴想笑话一下地主，便说："您的话真是变幻莫测啊！"

此时的地主笑呵呵地答道："方才那句话是无（鸡）稽之谈，现在这句话才是见（鸡）机行事啊！"

<<< 技巧点睛

汉语词汇有个特点就是有很多同音字，这种同音字在日常生活中经常会碰到。同音字有个优点就是它可以表示谐音，将写法不同的两个同音字相互转化，以表达同样的意思。上面小故事当中的地主就是运用了汉字的谐音，一语双关诙谐地回答了佃户的询问，既给自己解了围，又显示了自己的说话技巧。所以谐音在我们的交流谈话中有着其他词汇不可比拟的作用。在交谈中善于运用谐音或双关语，常常能使谈话起到让人无法想象的

效果。在日常的生活当中，我们少不了要用几个双关语来表达自己想要表达而又无法表达的那种感觉语言。那么在交流的过程中我们如何掌握谐音或双关的运用呢？

● 掌握谐音也是一门技巧

掌握一门技巧很难，掌握一门实用的技巧更难。说话的技巧包括方方面面，其中谐音或者双关的使用也是一门技巧。语言的学习是微妙的，不易察觉的。在与人的谈话中，不知不觉中就学会了几种说话的技巧，尤其在和那些谈话高手们交谈之后或者长期交往之后，我们会为自己的谈话水平大为惊讶。谐音或者双关在课堂上虽是常见的，但那些都不是常用的。所以要想掌握更多常用的谐音或者双关语，就要在与别人尤其是与谈话高手们交流中留心学习、吸收那些词汇。

● 双关用好解难事

一次成功的谈话，有时候往往取决于一句话。一句话说好了，说得得当了，就会使谈话双方感到很轻松，自然而然地谈话就成功了。在遇到有些比较棘手、难以开口的事情时，我们不妨使用一些说话技巧，借助于双关或者谐音，将难以启齿的事情用很形象的语言转化成另一种事物来表达，和大家找一种共同的心知肚明的感觉，这样一来你表达了你的想法，而对方也理解了你的想法。大家相互一笑，便心中豁然开朗了。

● 学会站在对面看风景

双方的交往谈话也是有着相对性的。要理解对方的心态，学会站在对方的角度考虑整个事件。有的人说话喜欢直来直去，从来都不考虑后果。所以，在自己的位置站惯了，看腻了那边的风景，还需要站到对方的位置去看看这边的风景，充分考虑一下在对方的位置上，看待同一事物又会有什么样的感觉。

第10章 幽默表达激发好感：迅速获得好人缘的技巧

运用逻辑颠倒的幽默法

<<< 口才实例

古时候有位老太太，有两个女儿，一个女儿开了一家鞋店，另一个女儿开了一家伞店。这个老太太为了两个女儿的生意整天哭哭啼啼的。每当天气晴朗时，她就想起了卖伞女儿的伞卖不出去，因此伤心地哭。每当下雨的时候，她又想起了卖鞋女儿的鞋不好卖，所以又是伤心地哭泣。

一天，一位智者路过，看见老太太在门前哭泣，就问老太太为什么哭。老太太将事情一一向智者说明。

智者听了后，微微一笑，说："下雨的时候，你要想你卖伞女儿的生意好；天气晴朗的时候，你要想你卖鞋女儿鞋卖得好，这样你不是就不会伤心了吗？"

听了智者的一番话，老太太哈哈大笑起来。从此，不管下雨也好，还是天气晴朗也罢，老太太总是乐呵呵的，整天快乐地生活着。

<<< 技巧点睛

一句话用不同的方法表达出来，就有不同的效果。故事当中的智者，在听了老太太讲话后，认真分析了整个事件的前后逻辑关系。智者在讲话的时候又略施小计，将原来的逻辑关系的语言重新排列，讲给了老太太，最终使老太太转忧为喜。从这个小故事当中，我们可以看到说话时语言的逻辑关系对谈话整个事件的重要性。在谈话过程中，我们怎样才能保证不使自己的思维逻辑发生混乱呢？

● 发散思维考虑问题更周全

在面对困难时，采用传统的直线思维我们往往会束手无策。在遇到这样的情况下，我们最常见的一种解决问题的方法就是利用逆向思维。逆向思维与我们传统的思维方式不同，它是从问题的另一端或者另一个侧面思考。这样一来，那些比较难的问题在我们面前都显得不是问题了。而我们仅仅有这两种思维方式去解决问题还远远不够，那就需要我们用另外一种思维去解决问题——发散思维。

发散思维使人能从各个方面去看待问题，从而提出多种解决问题的方法。在与人交往时，我们要特别重视用发散思维的方式去思考问题。比如，公司要与另一个客户公司谈判，双方都要制订自己的谈判方案，在制订谈判方案的时候就得用发散思维的方式去考虑问题。只有充分考虑了各个方面的问题时，在谈判过程中才能显得成竹在胸、胜券在握。

● 理顺逻辑是关键

有什么样的思维，就有什么样的语言。人的思维不乱，语言也不会乱。比如在一场演讲中，如果演讲者的思维出现了混乱，那他的演讲还会精彩吗？在我们的正常交往中，也会有这样的感觉，当你的思维比较清晰的时候，你所说出来的话都是有条理的、较为清晰的。一旦你紧张时，思维就会出现一团乱麻，理也理不清楚，说也说不清楚。

为不使自己的思维混乱，自己先要镇定下来，这样才能做到心中有数、有条不紊。面对再困难的问题，我们只要静下心来好好理顺逻辑，分析问题，就能有效地解决问题。

● 常想常用是方法

逻辑，说白了也就是问题的前后顺序。只是这种逻辑不好掌握，只有经常从各个方面去思考问题，并用多种方法去解决问题，才能逐步地掌握逻辑。在正常的交往当中，只要注意说话时的前言和后语就可以了。通常所说的"前言不搭后语"就是逻辑思维出现了混乱所导致的结果，出现这样的结果往往会闹

第 10 章　幽默表达激发好感：迅速获得好人缘的技巧

出笑话。

在与别人的谈话中，不仅要理顺自己说话时的思维逻辑，还要掌握别人说话的逻辑关系，从对方的逻辑语言中提取有价值的信息。有时候"前言不搭后语"会闹笑话，但是有时候我们就需要这种颠倒逻辑的方法去解决问题。一次恰当的颠倒逻辑，反而会给谈话中的双方增添无穷的乐趣。所以，我们也不妨在适当的谈话中，用颠倒逻辑的方法来风趣一番吧！

用幽默化解难堪和尴尬

<<< 口才实例

在马戏表演团里面，表演马术的罗伯特喜欢经常在台上给观众来个即兴表演。一次大型的表演即将开始，这次表演对马戏团来说是非常重要的一次宣传。马戏团的导演在罗伯特表演之前郑重地告诉他："罗伯特，你知道这次演出对我们戏团有多么重要吗？所以我要求你今天不许在台上即兴表演。"

罗伯特心中也知道这次表演对他们整个马戏团的重要性，就带着保证的口气答应了导演。

可谁知，难以预料的事情发生了。

罗伯特刚牵着马到舞台的中央，马突然在舞台上当着观众的面撒起了尿。坐在台下的导演远远地把这一切看在眼里，心中很不是滋味儿。

此时的罗伯特不愧为调侃专家。情急之下，罗伯特对着马大声说道："上台前你难道没有听到导演说不能在台上撒尿吗？"随即，台下的观众传来一片欢笑声和鼓掌声。

最后，整个表演在观众的一片掌声中结束了。

<<< 技巧点睛

即兴表演就是一种临场发挥，在当事人不知道的前提下，面对一个突如其来的问题进行"救急"的发挥。即兴表演，有时候会给定你表演的节目，而有时候则需要你的临场发挥了。就像案例当中的罗伯特，面对突如其来的马撒尿事件，镇定自若发起即兴调侃以解困。这次调侃并没有给导演带来什么坏处，相反，它却给整个表演带来了高潮，让人们在欢快的气氛中记住了罗伯特，也记住了这个马戏团。

在与人交往时，难免会出现尴尬的局面，面对这样的局面有的人往往难以应付，而有的人却能潇洒自如地应对。这里面就包含了另一种说话技巧——学会即兴调侃。在正常的谈话当中，我们怎样调侃才能显示自己说话风趣呢？

● 即兴调侃以乐为主

人在长时间谈话时就会出现脑部疲劳，明显的表现就是精神不集中，甚至语言出现暂时性紊乱。面对这样的情况，谈话者应稍做休息，但是有时候不能就此而中断谈话，所以就要借助于一定的语言来放松我们的大脑。这种放松，简单地说就是即兴调侃，找个乐子放松一下高度紧张的大脑。

但是，有时候我们遇到的调侃却是被人挖苦，甚至是陷害。这样的调侃我们在这里不提倡。在人与人之间的交往当中，免不了会出现一些令双方都不愉快的事情，这种情况下的调侃要尽可能地以乐为主。

● 顾全大局是关键

调侃对于大家来说，都会不经意地发生在正常的交往中，只是自己没有注意罢了。一次谈话可能是两个人的谈话，也可能是多人的谈话。在不同的场合下谈话，要讲求不同的谈话原则。同样，调侃也不能盲目地进行，更不能无止境地进行。即兴调侃的目的是活跃谈话气氛，或者照顾陷入尴尬的受困者。在不同境遇的谈话过程中，即兴调侃既要做到给受困者解围，又要做到活跃谈话

第 10 章　幽默表达激发好感：迅速获得好人缘的技巧

氛围，更重要的是顾全大局，照顾在座的所有谈话者。所以，不管在任何时候谈话调侃，都要牢记顾全大局是关键。

● 即兴调侃是一门艺术

表演本身就是一门艺术，而即兴调侃更是一门上乘的表演艺术。谈话中，一句恰当的调侃既能显示你超一流的交往能力，又能散发出你与众不同的表演魅力。掌握一门艺术很难，而掌握一门谈话的艺术更难。

即兴调侃，首先要把握调侃的时机。好朋友、关系很亲密的同事之间随时都可以调侃一下。但要是较陌生一点的人之间的谈话，就要特别注意调侃的时机了。其次，要充分了解调侃的对象。有些人喜欢开玩笑，而有些人比较直爽，不喜欢开玩笑，往往把别人的调侃当作实话去对待，这样就会造成不必要的心理冲突。最后，即兴调侃时还要分清调侃的场合。一般的谈话场合只要掌握了基本的谈话技巧即可，而对于那些较为正式的谈话场合，有时候不妨也大胆调侃一下，这样会给大家抖掉一些思想包袱，让谈话者轻松上阵。

幽默也可以精练和简短

<<< 口才实例

美国前总统罗斯福在大选前到各地进行民意演讲。

一次，罗斯福正在台上兴高采烈地进行着讲演，突然从下面人群当中传来一张纸条。写这张纸条的人是不满罗斯福当权的人，所以他想在罗斯福的演讲上，让他当众出丑。

当罗斯福看到纸条上的字时，微微怔了一下，他的这一表现已经被细心的听众看在眼里，大家都为罗斯福捏了一把汗。这张纸条上写的是骂罗斯福的话，只有两个字"蠢猪"。

一个懂得幽默的人在任何困难面前都是难不倒的。

罗斯福稍微停顿了一下,笑着对大家说道:"刚才的一位听众,给我提意见时忘了写内容,只署了自己的名字!"

写那张纸条的人听了这句话,立即涨红了脸,不得不佩服罗斯福幽默风趣的风格,也为他投了赞成的一票。

<<< 技巧点睛

幽默对大家来说都不陌生,但并不等于会讲几个笑话就是幽默了。幽默往往是精练的一句话或者是风趣的一个动作。就如案例当中的总统罗斯福先生,只用了一句精练的话便赢得了民心,取得了民意。有时候,一次幽默往往会给你带来意想不到的效果。所以,不管做什么事情,懂得一点幽默感总是很好的。那么,我们在正常的交往当中,不妨来一点儿幽默,让自己也风趣一番吧!

● 幽默是慢慢培养出来的

没有一个人天生就会讲笑话,也没有人天生就懂幽默风趣。一种好的说话技巧通过专门的学习是可以习得的,而一种好的说话方式只能在潜移默化的熏陶下培养出来。在一起同朋友聊天的时候,大家就会发现,有的人说话比较风趣,而有的人则比较沉稳、害羞,怎么也不会幽默,往往不会给人留下深刻的印象。老师们都有一种共同的感受,那就是在他们心目当中,让他们记忆犹新的往往是那些比较调皮的学生。就像我们的相声演员或者小品演员一样,要是他们没有幽默风趣的说话方式,怎么会被观众所记住呢。在平常的交往当中,只要多注意一下那些说话幽默风趣的人的说话方式,适当地学习一下那些名人名嘴的说话技巧,对培养一个人的幽默感还是有所帮助的。

● 话不在多,贵在精辟

说话是要讲求语言艺术的。有的人从谈话开始就侃侃而谈,到大家的谈话结束了他还"唇唇"欲动没有说完,其实大家根本就没有听他讲话或者是没有兴趣听他讲话。比如,有的领导讲话婆婆妈妈的,从会议一开始就说东道西,

第 10 章　幽默表达激发好感：迅速获得好人缘的技巧

会议结束了，与会者竟然不知道他说了什么。而有的领导讲话则比较艺术，往往是一语中的、切中要害，让与会者听了很清楚，从而知道了该干什么不该干什么。大家都有这样一种经历，同事或朋友一起聊天，一些沉默寡言者往往会趁大家不在意时讲上一两句话，而正是这一两句"很经典"的话，使大家一下子轻松快乐起来。

"物以稀为贵"，同样的道理，话应该也是以稀为贵。最重要的是任何时候的讲话都要切中要害、一语中的，才能使听者感到听得轻松，而精练的话语自然而然会让大家对你产生敬佩之情。

● 贫嘴也是一种幽默

"贫嘴"的"贫"就是话多、不值钱。与此相似的还有"话痨""话篓子"。这种人口才一般都不错，简单的话，他们能够用复杂的语言来表达，卖弄嘴皮子。其实贫嘴就是耍嘴皮子，常常是褒义词。比如有时女人骂男人贫嘴，就是说他嘴巴甜，尽拣好听的说。当然，在这里的耍嘴皮子可不是油嘴滑舌，油嘴滑舌者一般都是喜欢胡搅蛮缠，以推卸责任为目的，而"贫嘴"只是在关系比较密切者之间一种幽默的交流方式。

一个懂得幽默的人总是幽默的。在我们的日常交往当中，一个有幽默感的人总能给大家带去轻松、带去欢乐、带去和谐。

第11章
用贴心话表达关心：
语言得当维系良好关系

很多人经常会有这样的抱怨："为什么我的朋友都不喜欢和我相处呢？"是你的朋友的问题吗？也许是，但是更多的还是要从我们自身来找问题。我们是否对朋友真诚呢？是否在朋友遇到问题的时候，及时地伸出了援助之手呢？有时，也许是自己的一句话、一个笑话，自己觉得无所谓而引起了别人的反感。所以，面对朋友，我们要真诚，要把朋友的事情当作自己的事情来处理，多听取朋友的意见和建议，细心呵护自己的人际关系。

第 11 章　用贴心话表达关心：语言得当维系良好关系

让自己准确喊出新朋友的名字

<<< 口才实例

小林在一次宴会上，经朋友介绍认识了一位新朋友。一眼看上去，这位新朋友长得没有什么出众之处，他也没有作出让人第一次接触就能记住他名字的明显举动。宴会上，在和他简单的几句谈话中，小林知道了他的声音很富有弹性，属于厚重型的，而且他的名字正好与声音的这一特点有点相像，叫"张重厚"，于是一下子便记住了他的名字。

这次宴会后又过了两个多月，小林去一家报社办事。在等待的过程中，小林突然听到了上次宴会上的那个比较厚重的声音。

"张重厚！"小林一下子叫出了他的名字。

当时他极为惊讶，两眼目视小林的到来，用手慢慢地在脑后拍打，半天后才问了一句"你是怎么知道我的名字的？"

小林把上次在宴会上经朋友介绍的过程对他一说，他恍然大悟，很感激地紧握小林的双手，说："真是太感动了，你居然还能记得我的名字！"

有了这样一次感动，于是小林接下来的事情办得特别顺利。

<<< 技巧点睛

朋友组成了我们交流的人际圈子，在这个圈子里我们共同生活，共同享受生活的乐趣。面对新朋友，也许是你的一句问候，也许是你的一次帮助，或者只是一个微笑，就会拉近你们之间的距离。案例中的主人公，仅仅是记住了对方的名字，便令一位新朋友感动不已，真是收获很大。朋友之间的交

赢在表达

往通常是相互的，也就是你来我往。要想真正获得一位新朋友的信任，我们该怎么做呢？

● 新朋友是新的开始

一位新朋友仿佛就像一张纯净的白纸，需要我们在上面画满山山水水、草草木木，也需要我们在上面写满字字句句、真真切切，更需要我们在上面塑满人间冷暖、真情与爱。

结交一位新朋友不易，留住一位新朋友更难。面对一位新朋友，就是一个新的开始。在新朋友面前，大家都很陌生，都需要帮助、爱与归属。在一个平等的交际圈里，大家都处在平等的地位，有必要也有义务进行相互帮助、相互沟通，这样才会有一个良好的开端。

● 了解新朋友是必经之路

没有朋友的路是坎坷的，没有朋友的路只有一路的黑暗相伴。所以大家都有交朋友的愿望，都愿意交到称心的好朋友，也都愿意与合心的好朋友相伴一生。为了找到与之相称的朋友，我们都有择友的权利。结交一个新朋友之前，我们都要了解一下这位朋友的一些基本情况，然后判断能不能与这样的朋友交往。

获得一位新朋友，值得庆贺一下，在庆贺的同时更要知道交这样的朋友值不值。我们可以在以后的正常交往当中，从他的为人处世、言行举止等方面去了解一下新朋友的情况，以便作出正确的选择。

● 关心新朋友，获得真感情

在酒宴上或者生日聚会上，我们都会接触到很多朋友，几句简单的交流可能就会成就永久的知心朋友。作为朋友，首先想到的就是怎样获得朋友的信赖和关心。一个被朋友关心的人永远是快乐的。只有关心朋友，才能获得朋友的关心，才能感受到朋友的存在与价值，才能从朋友那里感受到生活的真正意义。

第 11 章 用贴心话表达关心：语言得当维系良好关系

友谊之花需要常常维护

<<< 口才实例

他是公司的一位经理，在职场上经历了风风雨雨，也结交了天下许多朋友。他给朋友留下的印象就是很实在、很诚恳。尤其是在逢年过节的时候，不论远近他总是给朋友们打个电话问候一下。

有一年的春天，他在一家公司谈一笔大生意，遇到了点小麻烦。闯荡职场多年的他，一下子就想到了找朋友帮忙，而且他找到了离自己最近的一位朋友的电话号码。

于是他直接把电话拨到这位好朋友的家里。接电话的是朋友的妻子，彼此的关系都还挺熟悉的。所以没等朋友的妻子开口问话，他就直接先说了："哎呀，嫂子啊，我是某某，你们都还好吧，我今天到这儿来办点事顺便问候一下你们。"这位经理平时说话总爱先发制人，口若悬河，这时的他一刻也不停地继续说："老哥工作辛苦，你平时多让他休息一下，别累坏了身子……"

正当他说得得意时，却听到了电话那边的"嘟嘟"声。

碰到这样的情况他还是头一回，所以这位经理很是不解。随后打电话问了其他的朋友，他才明白这位好朋友早在一个月前已经去世了。朋友告诉他，正是在前段时间新闻里播报的那场大火中，这位朋友离开了人世。

有很多朋友在知道了那场大火后都纷纷打电话向自己的亲戚朋友问平安，而他整天忙于生意，对那样的新闻无动于衷。

事后，这位经理经常抱怨自己，对那个电话懊恼不已。

<<< 技巧点睛

朋友之间的交往，一般都是从一句简单的问候开始的，但这句简单的问候

要发自内心深处。上述案例当中，这位闯荡商海多年的经理虽说交了很多的朋友，但我们可以判断出他与人交往的真诚度有多少。这位经理的问候过于随意化，在根本不了解问候对象的情况下，冒昧地问好，这种献殷勤式的问候有时候会适得其反。

一句真诚的问候，有时候就能赢得朋友的信赖。要想取得朋友的信赖，我们不妨试着从以下几个方面开始。

● 问候是交往的开始

从一个陌生人到彼此相互认识的朋友，再到关系密切的好朋友，这中间交往时相互都少不了问候，问候也就成了人与人之间交往的开端了。好久不见的朋友，碰面了就该问候一下，给予朋友关心。大清早出去上班，碰到了同事你不能装作没有看见，也要相互之间打声招呼。

简单的一句问候，是两个人之间开始谈话的铺垫，更是一种为人处世的方法。

● 通过问候拉近朋友之间的距离

大家都会有这样一种感觉，从离开校园那天起，同学之间会不时地问候一下工作或者是家庭的情况，一来二往，两个人的关系不仅没有生疏，还越来越密切。

一句问候就是一种关心，可以使朋友对你心存感激。一句问候也是同事朋友之间交往的润滑剂，你的问候也会赢来同事朋友的关心与关爱。

● 问候要发自于内心

问候是需要用真心去面对的，一个人要是没有真心实意地去问候朋友，那只能是走走过场、应付一下罢了。发自内心的问候，真切的关心，才会打动朋友的心，才会拉近朋友之间的关系。

一句简单的问候，把两个不熟悉的人拉到了一起；一句真心的问候，把两个普通的朋友变为好朋友，甚至是终身挚交。

第 11 章 用贴心话表达关心：语言得当维系良好关系

做到设身处地地为朋友着想

<<< 口才实例

在上一堂人际交往的课时，教授给在场的 200 多学子讲了这样一个故事。

他说："有一个年轻人觉得自己特别孤独，既没有朋友也没有亲人，他常常躲避现实，有很多次想到了离开这个世界。一天，他觉得自己活着实在是没有意思，就准备找一条河或一口枯井来了却这种没有意义的生活。"故事讲到这里的时候，教室里异常安静。

教授接着讲："这个人走到了街上开始寻找他极乐世界的去路。这时，他碰到了一位老婆婆。老婆婆了解了他的现状后，便把他领到了一间屋子里。进去时，他发现一张大桌子，桌旁都坐着人，而桌子上摆满了丰盛的食物，可是没有一个人能吃得到。因为大家的手臂受到魔法师的诅咒，全都变成了直的，手和胳膊不能弯曲，而桌上的佳肴夹不到口中，所以一个个愁眉苦脸的。"讲到这儿，教授听到了台下同学们的一片唏嘘，甚至出现了一阵骚动。

教授稍微停了一下，环顾了一下教室里的所有同学，他看到了一部分同学眼中的怜悯之情。

教授继续接着说："那个年轻人也和你们现在的表情一样，也为这些被束缚了臂膀的朋友惋惜。在那个老婆婆的带领下，年轻人又来到了另一间屋子里。年轻人看到了和第一间屋里同样命运的人，但是这些人却是另一番景象。原来他们每个人的手臂虽然不能弯曲，但是他们在面对面地彼此帮着夹菜喂饭，结果大家吃得都很高兴。在这间屋子里充满了欢乐的气氛，年轻人也被感动了。"

<<< 技巧点睛

一个没有朋友的人是孤独的，他的生活也没有什么意义。当朋友出现在我

们面前的时候，我们都在尽力留住朋友的心。就像故事当中那些被魔法师束缚了臂膀的人一样，每一个被束缚者都是彼此的朋友，他们相互夹菜喂饭，相互安慰鼓励对方，并有了活下去的勇气。

生活中这样相互夹菜喂饭的例子很多，也许他们并不认识，就是因为有了相互的共同点才使他们成了朋友。在人与人之间的交往当中，我们应该向那些被束缚了臂膀的朋友们学习。

● 是朋友就要给予帮助

在当今社会，朋友本身也是一种财富。当你困难时，往往是你的朋友向你伸出援助之手。

帮助别人本身就是一件快乐的事情。在朋友那里得到一点安慰或者得到朋友的帮助，我们都会为之兴奋不已。既然是朋友就要相互帮助，相互发展，这样我们才能共同进步，才能在同一片蓝天下翱翔。

● 朋友多了路好走

一路走来，路上发生了许多感人的故事，故事中却少不了朋友的影子。没有朋友的路上，也就没有花香，没有欢笑，甚至是暗淡的。人活一辈子，活的就是人情味。广交朋友就像我们买保险一样，交的钱越多心里就越有踏实感。想想，到处都是我们的朋友，我们不论走到哪里，总会得到朋友的帮助与照顾。要想使自己在将来的路上一帆风顺，就需要有朋友来陪伴，也需要朋友来点缀自己多姿多彩的生活。

● 伸出一双手，赢得朋友心

没有一个人可以不依靠别人而独立生活，这本是一个需要互相扶持的社会，先主动伸出友谊的手，你会发现原来四周有这么多的朋友。在生命的道路上我们更需要和其他个体互相扶持，共同成长。

在朋友需要帮助的时候，伸出你的一双手。在关键的时候，伸出你的一双手。每个人伸出自己的一双手，我们的身边就会有很多双手，也就会有更多的爱。

第 11 章 用贴心话表达关心：语言得当维系良好关系

为朋友保守秘密，做值得信赖的人

<<< 口才实例

小王和小李在同一个公司上班，在不同的部门供职，他们俩既是同事又是好朋友，所以两个人的情况彼此都了解。

一天，办公室的秘书小张找到小王说要请他吃饭。

在饭局上，小张旁敲侧击地向小王打听一些关于小李的事情。小张觉得都是同事，大家又都是好朋友，没有什么可隐瞒的事情，就把秘书小张问的情况全部说了出去。

没过几天，小王不见小李来公司上班，就打电话向小李询问。没想到，小李因为涉及办公室的利益问题而被公司下放到了基层去工作。

这件事情以后，小王一直觉得是秘书小张所为。所以他记恨秘书小张做人没有原则，背后捅朋友刀子，又觉得愧对好朋友小李，悔恨自己当初不应该把小李的一些情况告诉别人。

<<< 技巧点睛

每个人都有自己的私密事情，有的人觉得可以和好朋友一起分享自己的部分隐私，岂不知自己的隐私被大家传得热火了，才知道当初交的那个朋友不值得信赖。就像案例当中小李和小王的所为一样，小李认为小王是值得信赖的朋友就把自己的一些事情与他一起分享了，而小王又认为秘书小张也是他的好朋友，觉得和朋友一起分享朋友的故事没什么不妥。岂料东窗事发，大家都变成了相互之间不信任的人了。

案例告诉我们，做朋友要做诚信朋友，做值得别人信赖的朋友，要为朋友保守秘密。一个没有诚信、见风使舵的人，在朋友眼里只是过眼烟云，是不会得到好朋

友的回报的。那么，在交往当中，我们怎样做才能成为一个值得朋友信赖的人呢？

● 保密是做人的底线

人从出生的那一刻起，便有了属于自己的隐私。只要是你不想让其他人知道的，也不想和其他人分享的事情都是你自己的隐私。在我们的交往圈里，都少不了有朋友在传播其他人的闲话，对于这种人的做人处世方法大家都是有目共睹的，大家都会敬而远之。把同事或者是朋友的隐私当作乐子，有的甚至津津乐道，这种人一般都没有真正的朋友。

父母要尊重孩子们的隐私，也要为孩子们保守秘密。领导要尊重下属们的隐私，也要为下属们保守秘密。朋友之间更要相互尊重，为朋友也要保守秘密。不论你处在哪种交流圈子里，在与人交往时都要时刻记得为他人保密是做人的底线。

● 关爱是朋友之间的纽带

朋友之间需要关注、需要关心，更需要关爱。老师可以和学生成为好朋友，领导和下属可以成为好朋友，父母也可以和孩子成为好朋友。好朋友之间有一种润滑剂，那便是真心实意的关爱。

要关爱朋友，只有细心，才能关心，一点一点地积累起来的关心就是关爱。但是关心并不代表一味地顺从，顺从只会使朋友在你的关爱中失去价值。从小事做起，关爱朋友不需要那种惊天动地的事情，只需要一些细节，让朋友感受到我们的存在，感受到我们的爱。

关爱是人与人之间交往的桥梁，关爱更是朋友之间谈心的纽带。有了这样一根纽带，朋友间的心距才会更近，我们才会肯为朋友付出，才能得到朋友的信赖与真诚的回报。

● 只为追求知己者

《战国策·赵策》中说："士为知己者死，女为悦己者容。"意思是男人可以为赏识自己的人而效命去死，女人为欣赏自己、为自己心爱的男人而打扮自己，让自己在他的面前显得容光焕发、魅力四射。为朋友保守秘密，为的就是得到朋友的信赖，努力让朋友做一个贴心知己。

第11章 用贴心话表达关心：语言得当维系良好关系

给予朋友真切的信任和宽容

<<< 口才实例

美国的钢铁大王安德鲁·卡内基白手起家，既无资本，又无钢铁专业知识和技术，却成为举世闻名的钢铁巨子，这其中充满着神奇的色彩，使许多人迷惑不解。

有一位记者在采访卡内基时，他一开始就直截了当地问："您的钢铁事业成就是公认的，您一定是世界上最伟大的炼钢专家吧？"

卡内基哈哈大笑地回答："记者先生，您错了，炼钢学识比我强的，光是我们公司就有200多位呢！"

记者诧异道："那为什么您是钢铁大王？您有什么特殊的本领？"

卡内基说："因为我知道如何鼓励他们，使他们能发挥所长为公司效力。"

确实，卡内基创办的钢铁业是靠其一套有效发挥员工所长的办法取得发展的。刚开始卡内基的钢铁厂因产量上不去，效益很差。卡内基果断地以100万美元的年薪，聘请查理·斯瓦伯为其钢铁厂的总裁。

斯瓦伯走马上任后，鼓励工人进行竞赛，这座工厂的生产情况迅速得到改善，产量大大提高。卡内基也从此逐步走向钢铁大王的宝座。

可见，卡内基是十分聪明的，如果他自命是最伟大的炼钢专家，那么至少会导致一些水平与其不相上下的专家不肯为其效力。即使是斯瓦伯这样的管理专家，也不会被重用，而后来人们也不会如此敬仰卡内基了。

<<< 技巧点睛

与人交往，最怕的就是得不到对方的信任。得不到别人的信任，自然也就得不到对方的帮助了。一个优秀的交往者，通常是一名合格的人际管理者。他给了管理对象以信任，那么管理对象就会带着感激的心态去为他付出。领导者卡内基

很善于管理下属，也很信任下属，他把下属看得往往比其他人都优越。他领导的下属，就会有一种这个工作非己莫属的感觉，心存感激就会加倍地为他工作了。

一个优秀的管理者，善于组织各种人才，把各类人的优势集中在一起就是他的优势。那么，对于我们普通人来说，交往时怎样才能做到让别人感觉比你优越呢？

● 宽容之心赢得朋友之心

宽容是一种非凡的气度，宽广的胸怀是对人对事的包容和接纳。

面对别人犯错误时，我们要以宽容之心待之。面对别人比我们优越时，我们更要以宽容之心去对待他们的优越。在宽容之心的驱使下，我们再立志学习他们的优越，赶上他们甚至超过他们，一种奋勇向前的力量便油然而生了。

宽容别人，其实就是宽容我们自己。多一点对别人的宽容，我们生命中就多了一点空间。

● 微笑地让一步，幸福地活一世

法国哲学家罗西法古说："如果你要得到仇人，就表现得比你的朋友优越吧。如果你要得到朋友，就要让你的朋友表现得比你优越。"

面对朋友的优越，我们微笑着坦然面对，那样朋友就会对我们产生感激之情。我们微笑地退让一步，并不是在朋友面前认输，而是谦虚地向他们学习。这样做不但换取了朋友的感激之情，赢得了他们的尊重，而且我们也能在不断地学习他们的同时和他们共同进步。

● 是朋友就共同进步

在生活的路上行走，有了朋友的真心陪伴，我们就没有做不成的事，都会在茫茫人海找到落脚的地方。在同行中，我们多一点理解、多一点宽容、多一点帮助，我们就能战胜困难，赢得最后的胜利。

我们在接受别人的长处时，也要接受别人的短处、缺点与错误，这样我们才能真正地和平相处，社会才显得和谐。如果人人都能以宽容之心待人，我们的生活便会显得十分美妙，处处变得和睦融洽。

第12章
用浪漫表达爱意：
甜言蜜语稳固感情

　　语言是我们与其他人之间沟通的桥梁，一个人的言语行为代表着一个人的修养。面对我们心爱的恋人，甜言蜜语必不可少，但有人即使整天地甜言蜜语最后还是会换来感情的破裂。而有的人即使在大众面前不善言谈，但在关键时刻，懂得用甜言蜜语恰到好处地来安慰恋人，即使是在与恋人吵架，也能吵得增加感情。所以，面对自己的恋人，我们也要学会说话，学会说出甜言蜜语的技巧，对于维系两个人之间的感情是十分有用的。

赢在表达

小吵小闹为感情加温

<<< 口才实例

琴和杰在大学期间一直谈恋爱，毕业了他们就成了班上最成功的一对恋人。

琴从大一刚认识杰的时候，对杰温柔贤惠；杰对琴也是体贴入微。没过多久，琴的温柔贤惠也没有了，而杰的体贴也没有了，两个人总是吵吵闹闹的。

他们俩在一起待得腻了，没有什么想说的话了便开始口水战。经常是爱吃醋的琴挑起事端，说是杰在外面有了别的女朋友，和别的女生一起来往。而性格倔强的杰，也是寸步不让地为自己的冤枉争辩，争辩到高潮时两个人就开始了正式的吵架。一场吵架完了，两个人都会清净一阵子，相互都不愿意理睬对方。

他们的吵架，时间久了都习惯了。有时候为了增加一点气氛，他们俩还故意吵架，吵架之余往往是两个人抱在一起快乐地笑着。

在同舍友一起交流的时候，琴还经常告诉舍友说他们俩就是因为吵架才吵出来感情的。

<<< 技巧点睛

人与人之间的交往，都会或多或少地发生一点口舌摩擦。尤其正处在谈恋爱时期的青年朋友那里更是常见，他们就是因为鸡毛蒜皮的一点小事情进行吵嘴的。吵归吵，两个人的感情最终还是很好。故事当中的一对情人吵架，就是为我们树立了一种吵架的榜样。他们吵而不是真吵，吵架的目的是拉近二人之

第 12 章 用浪漫表达爱意：甜言蜜语稳固感情

间的距离。

在我们的日常生活当中，吵架的现象很常见。不管是真吵还是假吵，只要各自的心里还装着对方，那么吵架也就是一种形式罢了。那么在爱人之间吵架，怎样把握吵架的火候才不使对方陷入真正的悲伤呢？

● **打情骂俏才是爱人之间的主旋律**

爱人之间的小打小闹，都是常有的事情。在爱情中，有几件事情必须爱人之间一起做，那就是吵架以及相爱。打情骂俏不仅可以愉悦身心，让你在紧张的工作之余放松，还可以振奋你疲惫的心灵，可以让你平凡的生活变得多姿多彩，可以让情侣更加亲密。因为大家都知道打情骂俏是一时的，是为了博对方一笑。总之，打情骂俏是轻松的、愉悦的，是双赢的。

● **生活的调味剂——吵一吵**

我们都不喜欢过那种平淡如水的生活，因为那种生活过得实在是没有什么乐趣。在我们的生活中，为了不使共同的生活趋于平淡，不妨试着给它增添一点调味剂——吵架。当你的心情不好时，可以学着吵一吵释放一下各自心里的压力。爱人之间的吵架都是短暂的，正所谓"床头吵架床尾和"。吵架可以释放我们压抑很久的心情，夫妻之间的吵架更可以调节他们的感情。

● **吵嘴需要吵的技巧**

吵嘴之后往往会影响两个人之间的情感。而有的夫妻吵嘴，却增进了他们之间的感情。只顾着一心一意吵架的人，吵架之后留下的便是生气，而有的人则讲求技巧，在不涉及各自情绪的前提下，只是斗嘴来吵架，吵完了便什么都没有了。

婚姻生活是由柴米油盐组成的，每个人的观念和习惯都不同，所以夫妻难免吵架。不过，小吵怡情，大吵伤神。只要是不涉及原则性的问题，不涉及大家的承受底线，无伤大雅的小争执也许会给生活带来一些别样的情趣，还可以舒缓压力。但夫妻吵架也要有一点技巧，首先要知道对方的承受底线，其次吵也要有节制，撕破脸皮地互相伤害不可取。

少批评多赞美，恋人之间需包容

<<< 口才实例

有一名年轻的邮递员在给一位少女送信途中，不小心被一块石头绊倒了，他刚想抱怨，却低头发现这是一块形状奇异的石头。他想，多好看的石头啊！于是好奇心顿生，便欣喜地将石头捡起来，装进了邮包。

到达收信的这位少女家时，少女正在门外等着他来送信。少女一眼就看到了邮递员包里的那块石头，少女惊讶地说："多漂亮的一块石头啊，若是用许多这样的石头建成一座城堡那该多好啊！"

这个女孩的话被他牢牢地记在了心里。

之后，每天送信他总会碰见一块奇异的石头。这个年轻邮递员隔一段时间要给那个少女送一次信，每次送信的时候他都带着一块漂亮的石头。日复一日，他捡的石头堆满了家门口。于是他白天送信，晚上堆砌城堡。

渐渐地有路人欣赏、赞美他的努力成果，并给予鼓励。后来那个少女也知道了这件事情，每次收信的时候都要问一下邮递员那座城堡修筑得怎么样了，等他修筑好时一定要请她参观一下。

终于，他在山坡上建成了一座又一座的好看的城堡，有一天竟被登上报纸的头条，许多人慕名而来，其中包括当时著名的画家毕加索，他惊叹青年人的技艺，大加赞赏，并投资将这里改造成著名的旅游区。

后来，那位少女成了年轻邮递员的妻子。

<<< 技巧点睛

当你失去信心，没有勇气完成自己的事业时，你可能需要别人的帮助，也

第 12 章　用浪漫表达爱意：甜言蜜语稳固感情

许只是别人对你的一句赞美。仅仅是一句赞美，它就可以化解你心中的不明朗，就可以推动你继续前行。

青年人获得成功的秘密就在于他受到了他人的赏识与赞美，尤其是那位少女的每一次关心与赞美，青年人把少女对那块石头的赞美当作对自己的赞美。为了不使这种赞美失去价值，于是他把这种赞美又转移到城堡中去，进而得到了更多人的赞美。可见赏识与赞美是多么重要。那么我们面对恋人，怎样赞美她才能温暖她的一颗纯洁的心呢？

● 多赞美，才会赢得芳心

我们可以这么说，赞美、赏识就像风对于船帆，就像雨露对于种子。赞美与赏识是我们的成长过程中不可缺少的营养品。赞美、赏识是希望，是动力，是用自己的心灵之火去点燃别人的心灵之火。

面对亲爱的恋人，我们首先应该看到的是恋人的优点和长处，我们不断地肯定她的优点和长处，就是肯定了与她之间的关系。面对恋人所犯的错误，我们尽可能地不要去批评她，因为批评她就使她认为你不爱她。别用批评的口吻去否定她的言语，更别用批评的口吻去伤害她对你的爱。面对恋人，我们要用更多的赞美对方的话去赢得她的芳心，赢得她的爱。

● 赞美与批评是可以相互转化的

我们赞美恋人，肯定对方，但也不是一味地去顺从她，不管正确的还是错误的都以她为中心。在赞美她的同时也要有适当的批评，先通过批评让她认识到自己的错误，再通过赞美表扬她认识错误的心态。

生活中的任何一样东西都是可以相互转化的，好的可以变成坏的，丑陋的也可以变成美好的。人一旦认为自己没有错误，一直跟做梦似的生活在别人的赞美之中，那是不现实的。既然犯了错误就要受到应有的惩罚，这样才能减少下次犯同样错误的机会，我们适当的批评也是为她做了一件好事。

● 用赞美抚慰伤痛的心灵

在生活中当别人遇到困难、遇到坎坷时，我们要多用肯定的语言去赞美她的过去，肯定她的成果，这样她就会在过去的美好生活中寻找安慰自己的理由，就会在已经取得的胜利那里找到曾经发愤图强的自我，这样眼前的困难也就迎刃而解了。

面对恋人的生气，面对恋人的伤心，我们要去温暖她的心。用赞美去欣赏她的外表，用赞美去肯定她的事业，用赞美去抚慰她伤痛的心灵。

稳固的感情靠多些甜言蜜语来助推

<<< 口才实例

小欣经朋友介绍认识了年轻有为的小栗。

在一次约会中，小栗看到公园里别的恋人为自己的女朋友买这买那的很是亲热，他也学着别人，给此时的女朋友小欣买这买那。小欣一开始也很感动，觉得这个愿意为自己付出的男人值得信赖。

可是没过多久，小欣渐渐地发现，和这个男人在一起时没有激情。这个男人只知道为她买这买那的，再也没有其他令她感动的举动。两个人在一起有时候无话可说，经常出现尴尬的场面。

不久，小欣便找了在另一家公司做推销员的李亮，并很快建立了他们温馨的家庭。

在那次宴会上，小欣把她为什么离开小栗的原因告诉了她的好朋友。她说，小栗的确是一个好男人，懂得体贴别人，就是不会说话，不会哄她开心，她感觉不到两个人在一起的那种温馨。

<<< 技巧点睛

谈恋爱是需要双方都付出实际行动的。其中，利用甜美的语言来维持和拉

第 12 章　用浪漫表达爱意：甜言蜜语稳固感情

近与恋人之间的距离也很重要。故事当中的小栗只会照着别人的做，可他看到的只是别人的表面现象，而别人更深一层的行动——甜言蜜语，他却没有看到，所以才导致了他谈恋爱的失败。而对于女人来说，就跟小欣一样，都喜欢自己的恋人给自己买好多东西，送好多礼物，但她们更喜欢的还是恋人之间的那种甜蜜。

看那些成功的恋爱先例，可以说没有哪一对恋人不用甜言蜜语去吸引对方，一次次成功的约会往往都是靠甜言蜜语来助推的。那么，对于 20 岁以后的那些恋人来说，在爱情当中甜言蜜语有多重要呢？

● **甜言需要蜜语陪伴**

对于一对正在谈恋爱的人来说，要是没有恋人的一句句甜言去衬托他们正在进行的恋爱时，那这个恋爱谈得该多枯燥啊。同样，在恋爱时要是只有一方在为维护爱情而不停地说甜言蜜语，那还不把自己的恋人累死啊。所以，谈恋爱需要两个人的配合，一方的甜言有了另一方的蜜语做伴，那这对恋人就会同时处在美好爱情的包围之中。

● **生活本身就需要甜言蜜语**

一起生活多年的夫妻，总会感到对方越来越没有当初谈恋爱时的那种热情了，于是他们都努力寻找当年的自我，一起回味初恋时的感觉。两个人在一起生活觉得累了，就需要点激情来放松调节一下，而有些时候他们更需要一些热恋时的甜言蜜语来滋润甜美的爱情。

有些人将甜言蜜语当作饭后甜点，有些人把甜言蜜语当作主食。而更多的女性，都视甜言蜜语为甜点，作为生活的调味剂去调和共同的生活。恋爱如果只是用语言来描述，那么就是爱情专家和诗人也无法谱写出长久的爱情。当我们爱一个人的时候，很本能的反应就是想通过一些方式来表达自己的爱。比如，女人一旦爱上一个男人的时候，她就会更多地为男人考虑。而一个男人爱上一个女人的时候，他的表达方式就是用礼物来博得美人一笑。男人与女人之间最完美的爱的方式就是互相付出，又欣喜地接受对方的付出，只有这样，爱的天平才会尽可能地平衡。在爱的这条路上，天平一旦失衡，爱就很难持续。

● 甜言蜜语是巩固爱情的需要

一对成功的恋人从甜言蜜语中来，都感受到了爱情的甜美，更是对美好生活充满了向往。有人说热恋结束了，两个人的爱情也就结束了。为什么呢，就是因为在热恋中，双方都努力寻找那种美妙的东西来滋润爱情，都觉得爱情确实是美好的、甜美的。一阵热恋过去了，恋人都了解了对方，习惯了对方，都认为还说当初的那种甜言蜜语太累，甚至是有点不习惯了，所以他们的爱情也就渐渐地枯萎了。

放弃了甜言蜜语的滋润，爱情也就像缺水的花朵一样萎谢了。在初恋时需要甜言蜜语来拉近双方之间的心理距离，热恋时也需要甜言蜜语来发展共同的爱情，成家后更需要甜言蜜语来巩固共同的爱情。

道歉和原谅也可以浪漫起来

<<< 口才实例

张炬和王丽是同级不同班的两个学生，在一次开运动会时两个人相识，后来关系发展到好朋友的地步。

在交往中，王丽得知张炬是一个爱好文学的青年，尤其是爱写诗歌，已经有几首诗歌见报了，所以她一直很敬佩张炬。一次，王丽大胆地提出要看看张炬的诗稿。张炬二话没说就把自己刚刚完成准备投稿的一些诗歌给了王丽，让她先睹为快。

谁知，王丽拿着那些诗稿欣赏的时候把诗稿弄湿了，上面的字迹已经变得模糊不清了。王丽心里又是内疚又是着急，觉得没法跟张炬交代，自己也不好意思去直接面对张炬讲清原因。情急之下，王丽拿出手机给张炬编辑了一条短信说明了原因，并请求他原谅她的过失。

第 12 章 用浪漫表达爱意：甜言蜜语稳固感情

张炬看到短信时笑笑说："不就是一些诗稿嘛，打湿了就打湿了呗，大不了我重新再写一遍，值得你这样担惊受怕吗？"

随后，张炬并没有直接打电话告诉王丽要原谅她，而是借题发挥地就这件事情创作了一首专门给王丽的诗，并且用短信的形式发到了王丽的手机上。

就这样一来二去，他们两个人的关系更进了一层。

<<< 技巧点睛

道歉是朋友之间常发生的一个小事，而学会道歉却是如何做人的一件大事。道歉的目的就是取得对方的原谅，对方原谅了自己则说明道歉起到了一定的效果。有时候的道歉可不是随随便便向对方说声"对不起"就完了的事情，道歉也得讲求技巧。就像案例中描述的，王丽犯了错误要向张炬道歉，不是直接去跟张炬说声"对不起"，而是借助手机短信这一媒介来消除自己的紧张。张丽这样做既让对方知道自己错了，又避免了直接面对面时的尴尬和紧张气氛。而张炬的做法更是与众不同，利用创作诗歌的形式去原谅朋友所犯的错误。张炬这样做既原谅了对方又赢得了朋友的一颗心，还使整个过程充满了浪漫色彩。

道歉与原谅并不是各自说一句"对不起""没关系"这样的套话，而是要真正赢得朋友的信任。在恋人之间，更不能用像"对不起""没关系"这样死板的话来取得恋人的爱。那么，你怎样才能真正赢得恋人的谅解和信赖呢？

● **顺水推舟，为自己解围**

她真心地在你的面前请求你原谅她的时候，想必你的心里也不是滋味，所以你也急需一个让你表现大度的机会。面对错误，在适当的时候给对方回应，试着来个顺水推舟，将别人请求你原谅的机会当作给自己解围的机会。

● **及时宽容是原谅的开始**

人都是会犯错误的。当你面对自己所犯的错误犯难时，多么希望得到恋人的原谅啊！我们想要原谅一个人时，不是在对方说了一句"对不起"时马上就说声"没关系"，这样的原谅反而使你显得没有诚意，没有真心实意地原谅他

的过错。

当我们犯下了不可避免的错误时,自己心里觉得很是对不住自己的恋人、很是愧疚,所以就要征得她的谅解。面对这样的情况,我们首先要冷静地考虑一下自己为什么会犯这样的错误,下次怎样才能避免同样的错误发生,等你想清楚了再去向她道歉。

坦然面对自己的错误和别人所犯的错误,给自己或犯错误的人一个改过自新的机会,我们的心里就会踏实许多。

● 道歉和原谅是一对好朋友

"知错就改的同志是好同志",我们在生活中难免会发生一点错误,而自己犯了错误心里就会内疚,所以就会需要大家的理解与原谅。有了犯错误的人,就会有原谅错误的人。在恋人之间,多用原谅的心态去交流,去理解对方、宽容对方,久而久之恋人之间的感情就会历久弥新了。

道歉和原谅本是一对好朋友,在恋人之间、好朋友之间才更能体现出它的人情味来。

爱情里做到有技巧地拒绝

<<< 口才实例

刚结婚不久的一对夫妻,有一天在逛商场。漂亮的妻子看中了柜台里摆放的一枚戒指,又不好意思直接让丈夫买。于是妻子撒娇地对丈夫说:"老公,你看别人手上都戴着现在流行的一款戒指,咱们也去看看吧,它在哪儿能买到?"

聪明的丈夫一听妻子撒娇,就知道她一定是想让他买那款戒指了。但又一想,他们两个人刚结婚不久,在举办婚礼时已经花费了很多钱,现在剩下的那

第 12 章 用浪漫表达爱意：甜言蜜语稳固感情

些钱还要两个人一起生活，他现在手头有点紧张。

"我早就看过了，那个戒指现在已经流行过了，咱们再等等，到过完年等新的款式上市了我就给你买一个，好不好？"丈夫机灵地对妻子说。

妻子一听丈夫早就想给自己买那个戒指了，又细心一想，那款戒指确实已经流行一年多了，还不如再等待新的款式上市呢。妻子心里的高兴劲儿一下涌上了头，笑着夸奖丈夫："还是我老公知道疼我，好吧，咱们就等最新款式的戒指上市了再买吧！"

<<< 技巧点睛

爱美是人之常情，而女人爱美又是她的天性。女人为了美丽可以不吃饭去买化妆品，也可以不吃菜去买流行的衣裙。就像案例当中的妻子为了满足自己爱美的需求，不顾丈夫举办婚礼时花费了多少，只想要求丈夫给自己买戒指。而聪明的丈夫早已看透妻子逛商场的目的，也许是他事前做了准备，最后他才巧妙地拒绝了自己的爱人，既没有伤害到爱人爱美的自尊，又为自己节约了一笔买戒指的钱。

在现实生活当中，面对恋人爱美的虚荣心，我们怎样才能做到既能满足她的需求又能巧妙地拒绝她呢？

● 揣摩清楚恋人的性格

为什么要揣摩恋人的性格呢？因为不论是在战场上还是在情场上，只有做到了"知己知彼"才能使你的爱情事业"百战不殆"。对于恋人来说，她有什么样的性格，你就有什么样的办法去应对，那才说明你做到了百战不殆。

揣摩恋人的性格，可以从她生活中的每一个细节去观察，甚至从你们第一次约会时你就要揣摩她的性格。面对恋人的不同要求，你只有了解了她真正的心思时，才能做到"以你的不变应她的万变"。

● 委婉含蓄地表达不同观点

有时候我们会遇到恋人的强烈要求，当她不管你怎样都要满足她那爱美的

赢在表达

虚荣心时,我们不可硬扛啊。你硬扛着不满足她的要求,结果只能导致她觉得你这个人小气、吝啬,她会以这样的人不值得交往为借口而从你的身边消失。

委婉可以是暗示,是人与人之间相互影响的一种特殊方式,暗示者出于公正的目的,采取隐蔽、含蓄的方法,巧妙地向对方发出某种暗号,并以此来影响对方的心理,使他改变自己的行为。当你对自己的恋人说话语气亲切、语调柔和、语言含蓄、措辞委婉、说理自然时,会使你的恋人感到亲切和愉悦,所谈之言也易于入耳,有较强的说服力,往往能收到以柔克刚的交际效果。

面对恋人的强烈要求,我们不妨委婉含蓄地向她表述你的另一种观点,这种观点要讲得使她信其真而放弃自己那强烈的欲望。委婉含蓄地拒绝恋人的要求,并不意味着我们一口拒绝或者是觉得没有满足她的必要。只有委婉含蓄地阐述你的观点,才能得到她的谅解,才能顺从你的意愿。

● **因势利导,保证爱的结果**

在与恋人交谈时,要学会逐步引导她,顺着对方思维发展的趋势,由浅入深地罗列出你所认为的实际情况,才能逐步否定恋人的观点,最后得出正确的结论。这既能引导她按照你的意思去做,又保证了两个人之间甜美的爱情。

第13章
初次会见陌生人：
言语之中会表现真诚

　　人的一生，很多时间都需要和陌生人打交道。和陌生人打交道的关键就在于能否给对方留下美好的第一印象。其中，初次见面，表现落落大方能给别人一种一见如故的感觉。当然，如何表现得落落大方是有一定的技巧和方法的。只要用心学习和揣摩，一定能在和陌生人接触中留下良好的第一印象，为以后的交往作好铺垫。

尊重他人，做到礼貌倾听不插话

<<< 口才实例

有一对老夫妇，他们有一个儿子在耶鲁大学上学。很不幸的是，他们的儿子意外身亡，老两口十分悲痛。他们来到学校，受到了校长的热情接待。

在校长接待室，校长说道："哦，对不起，对于你们的遭遇我深表同情，这真是一件不幸的事情。你们有什么困难或者需要，学校会尽力帮助你们的。我们尽量满足你们的要求。"

只见老父亲缓缓开口说道："我想在学校给我的儿子留下一点什么……"不等老父亲说完，校长就打断说："哦，不，不，如果说，每一位学生都想在学校留下一点纪念的话，那我们就不用办学校了，直接开博物馆算了。"等校长说完，老妇人又开口道："我们只是想用一种方式来纪念我们的儿子，只是……"没等老妇人说完，校长再次打断道："哦，不，夫人，我们可以提供给你们一大笔抚恤金，这是没问题的。但是，如果你们想在学校为你们的儿子立一座雕像之类的想法，我们是断不可接受的。"在说这话的同时，校长显得有些不耐烦，认为这对老夫妇肯定会敲诈学校一笔钱，他甚至想好了如何对付这对老夫妇。

不料，老父亲见校长不耐烦的样子，看看自己的妻子，说道："既然是这样，那么我们为什么不自己来办一所学校，以此来纪念我们的儿子呢？"老妇人说道："亲爱的，这是一个好主意。"说完老两口就走出了校长办公室。

后来，老夫妇便投资创办了举世闻名的斯坦福大学。

第 13 章 初次会见陌生人：言语之中会表现真诚

<<< 技巧点睛

人与人之间进行交流，随便打断别人的谈话本身就是不礼貌的，而且尊重是相互的，要想获得别人的尊重，首先你就得先去尊重别人。尊重别人的最好方式就体现在一个人的说话上。不要一提起你感兴趣的话题，你就喋喋不休地一直高谈阔论下去，容不得别人有插话的机会。而你不感兴趣的话题，你就会一言不发，你这样对待别人，别人就会这样对待你。

● 用心去倾听对方的每一句话

如果我们确实不知道该如何说一句话，那么应该首先学会用心去倾听对方的每一句话，用心去理解对方的每一句话，也可以顺着对方的思路，来和对方沟通。比如，和一个评论家聊天，你也可以发表一点自己浅薄的看法，让对方可以有纠正的余地，不要在专家面前班门弄斧，即使我们不知道该去怎样说话，甚至论点错误，但至少会让别人觉得受到了尊重，而不是无视他的存在。同时，注意说话时的语气。简言之，就是说话要有礼貌。就算自己是一个驾驭语言的高手，在和别人的谈话过程中也应该认真地倾听别人的每一句话，不要让自己老是夸夸其谈。那样的话，即使你再有礼貌，也不会被别人尊重。

● 不要非争个孰对孰错

有的人在与别人的交谈中，一旦对某个问题争起来，就一定要辩个谁对谁错。这样的行为也是不礼貌的，久而久之，这种人同样会被周围的人孤立起来。用中国古代唯物思想家的话来说，这个世界没有绝对的对与错，只有相对的对与错之分。对于一个你第一次见面，事事都要和你辩个孰对孰错的人，他给你留下的印象会好吗？所以，说话、聊天本来就是一种放松休闲的方式，你为此和别人争个面红耳赤，弄得自己心情不好，何必呢？

● 设身处地地为别人着想

有的人不分场合、时间，随便就拿别人来"开涮"，甚至是拿第一次见面

的人来开玩笑，这也是一种极其不礼貌的行为。当出现这种情况时，我们不妨换个角度来想一下，如果我们在这样的场合、时间被别人"开涮"，自己又会是什么心情呢？或者想一想，这句话这个时候从我嘴里说出去，合适吗？这样一想，也会使我们在与别人交谈的过程中少很多麻烦，使双方之间的关系更融洽。

寒暄也真诚，才能受人欢迎

<<< 口才实例

小王从学校毕业以后到南方打工，因为没有一技之长，一直找不到工作。好不容易找到一家电脑公司，小王好说歹说，老板才将他留了下来。

第一个月的时候，小王平时就是向技术员学技术，然后打扫卫生，没有为公司挣回一分钱。到刚满一个月的时候，老板死活不再要小王。小王央求老板再给自己一次机会，下月不能为公司创收，自己一分钱不要，卷铺盖走人。老板勉强答应了。

过了几天，店里来了一对老夫妇。小王立刻笑脸相迎，"叔叔阿姨"地叫着，将这对老夫妇让到了店里，老夫妇此次的目的是要买十台电脑。

后来，这对老夫妇成了小王公司的常客。当小王问他们为什么常常只来他们公司时，那位大叔回答道："因为当我第一次踏进你们公司的大门时，我看到的是你的笑容听到的是你真诚的话语，知道你是一个不错的小伙子，我就认定你不会诳我。"

后来，小王也自然成了公司的骨干。

<<< 技巧点睛

寒暄的技巧在于如何去揣摩对方的心理，用真诚去打动对方，以便换取对

第13章 初次会见陌生人：言语之中会表现真诚

方的好感，甚至是同情。大多数情况下寒暄和问候是差不多的，都是为了和第一次见面的人打破僵局，拉近距离，以便表示自己的友好，或者为了表达自己乐于广交朋友的愿望。反之，如果本该是寒暄的时候却一言不发，那是极其没有礼貌的，留给别人的印象自然也就是不好的，有人就会说你这个人不真诚。

● 寻找共同的话题，自然切题

寻找共同的话题并不是说两个人都要有共同的爱好，善于说话的高手，在初次见面的寒暄中，就能看出你的喜好、性格。所以，他们在与别人的相处中就显得游刃有余，得心应手。如果说，和你第一次见面的人，你对他的话题并不是很感兴趣，或者根本就不感兴趣，那也没有关系。因为寒暄的话语可长可短，所以你可以找出一些恭维的话来称赞对方。比如，"嗯，你的这个观点很新鲜，我之前还没有听过"，或是"你的口才很好啊，和你相比，我就显得很逊色了"等。然后，找一个对方感兴趣的话题，慢慢地自然切题，不要粗鲁地打断对方的谈话，那样很容易引起别人的反感。

● 显示出真诚来

在与别人的交谈中，常常会出现这种情况。当你和对方谈话的时候，对方不停地一会儿接电话，一会儿又看短信，这使你的谈话不得不中止，让你觉得很不舒服，觉得对方太没有礼貌了。在与别人的寒暄中也是如此，不能因为寒暄的话语可长可短，就可以随便敷衍塞责，用一些"嗯""啊"之类的词语，这也让人觉得很不舒服。另外，每一个人都希望得到别人的肯定和承认，需要别人的赞美和恭维，但在恭维对方的时候，一定要显得真心实意，可以表达自己对一个人的敬仰和崇拜之情，但不要一见面就讲出"我对您的敬仰犹如黄河之水，滔滔不绝……"之类的废话，甚至是讽刺人的话。

● 注意细节，不要显得很鲁莽

我们都知道与老外打交道，第一次见面都喜欢谈论一些诸如天气之类的话题，而且不问女性的年龄，不问男性的收入等。中国人不会有那么多的禁忌，但是同样也需要注意。在与别人寒暄的同时，对于人家的个人隐私和个人禁忌

等方面的话语,最好就不要拿出来说了,不要让人家觉得你有刺探人家隐私的嫌疑。比如"我听说你这病是会传染的,真的假的?""你上次带的女朋友和这次这个不一样啊"之类。人家听到这样的话语,心情还会好得起来吗?所以,注意细节,显出自己的真情实意来。

起个好话头,好的开始是成功的一半

<<< 口才实例

小张是一家汽车企业的下岗职工。有一次,小张坐长途车去外地。在车上小张和一位陌生人并排坐在驾驶员的后面。汽车上路不久就出现了故障,驾驶员忙了一通还是不能将故障排除。

这时,已经有乘客开始提出了抗议。驾驶员急得像热锅上的蚂蚁,不断向乘客们道歉。但是其中一位急躁的乘客,已经和驾驶员吵了起来。这时只见这位陌生人建议驾驶员再检查一遍油路,驾驶员将信将疑地照着他的话去做,果然找到了故障的源头。

小张立刻猜测到这个陌生人的这一手绝活一定是从他们厂子学来的,于是试探性地问道:"你在某某厂子工作过吧?"陌生人说道:"嗯,工作过一段时间。""噢,这样算起来,我们还是同事呢,我也是那个厂的下岗工人啊。"就这样,小张一路和那个陌生人越聊越熟,小张的长途之旅也不觉得无聊和乏味了。最后,两人还互相留了电话号码。

后来,小张自己创业,而那个陌生人则成了小张最重要的合伙人。

<<< 技巧点睛

俗话说得好:"良好的开端是成功的一半。"年轻人刚走上社会做事,有

第 13 章　初次会见陌生人：言语之中会表现真诚

一个良好的开端是十分重要的。一个好的开头，预示着你已经成功了一半。同样的道理，当我们有求于别人，第一次见面攀谈时，起一个好的话头，也会让别人对你刮目相看，在别人心目中留下很深的印象，那样即使求人家办事情也会很顺利。很多人与陌生人第一次见面时，不知道该说什么，或者说几句就觉得没话可说了，那么以后的事情自然就谈不上水到渠成了。这是因为他们不清楚该怎样起一个好的头，那么，我们该如何去起一个好的话头呢？

● **学会善于观察，从别人的话语中揣摩，找到共同点**

说话也是需要观察力的。我们有时候在和陌生人谈话的时候，要善于从别人的话语中试着观察揣摩出别人和自己的共同点，以此为切入点与别人进行攀谈。比如，我们最常见的一个场景是：在一个陌生的地方，当自己需要帮助的时候，忽然听到了熟悉的乡音，那么没有"老乡见老乡，两眼泪汪汪"的情景，至少两个人很快就会有共同的话题，并且会有惺惺惜惺惺的感觉。这样，两个人很快就会熟识，那么自己的问题就会很快迎刃而解了。试着与第一次见面的陌生人找到共同点，是能和别人切入话题最快的方式之一。作为 20 岁以后的年轻人，不要将陌生人拒之门外，应该学着去与陌生人沟通。

● **不要开口就"伤人"，换一种说法**

不要开口就伤人，并不是说我们肤浅到去和别人吵架，而是我们和第一次见面的人谈话时，不要人家忌讳什么，而我们偏偏却要往那方面去扯。那样谈话，人家肯定不愿意和我们继续交流下去，但是我们可以换一种说法来交流。比如，人家孩子今年高考落榜了，我们就不能一开口就说高考，或许你可以说说"榜上无名，脚下有路"的道理。

● **重视别人，注意礼貌用语**

我们在与人交谈的过程中，常常会出现这样一种情况，那就是我们一开口都会说"我……"这样我们一开口说话，就会使别人觉得不尊重人家。所以，我们在与任何人交谈时，尤其是第一次见面的人，应该注意尊重别人，并且要注意礼貌用语的使用。不要让别人觉得你是妄自尊大的人，那同样会

赢在表达

让别人看不起你。对于第一次见面的人，我们可以多用谦辞，诸如"劳驾""麻烦你""久仰"之类的，最起码让人家觉得你是一个有礼貌的人，别人才乐于与你交谈下去。

从周边话题着手，逐渐接近主题

<<< 口才实例

小姜是一家广告公司的销售业务员，她的主要业务是奔走于各公司之间，推销他们公司的广告创作方案。

一天，公司派小姜到一家房地产公司竞标。和其他广告公司的业务员一样，小姜也被安排在会议室，等待公司董事长亲自来审核方案。后来，秘书出来告诉大家，让大家把方案留一份，董事长审核以后，再通知大家。小姜知道，这是公司的推脱之词，说不定方案已经定下来了呢。

就在小姜绝望的时候，忽然，她发现董事长一行人正要坐电梯到地下停车场。于是，小姜以迅雷不及掩耳之势，挤进了电梯。在电梯间里，小姜对董事长说道："您好，董事长，我是某某广告公司的小姜……"话还没有说完，就被秘书打断，"对不起，董事长很忙，有什么事情去公司吧。"

小姜觉得自己必须力挽狂澜，来之前他听说董事长喜欢交响乐。于是，她结结巴巴地说道："董事长，我……我……我想请您听一场明天晚上的音乐会——维也纳交响乐团，贝多芬、巴赫……"

董事长笑了："交响乐？贝多芬？"

"是的，明天晚上。然后我们可以一起吃点东西。"

董事长笑着说道："那你介意现在和我们一起去吃个饭吗？我们一起聊聊交响乐……"

后来，小姜公司的方案被这家房地产公司所接纳。

第13章 初次会见陌生人：言语之中会表现真诚

> **<<< 技巧点睛**

有时候，我们谈论一个话题不必直奔主题，可以先从身边的小事情着手，从对方感兴趣的话题谈起，慢慢地再深入主题，最终解决问题。有些人喜欢直来直去，一件事情或者一个话题直奔主题，而不知道变通，这样有时候反而会产生适得其反的效果，不能解决问题，最终还会将事情搞砸。有时候，也许一个笑话、一句自嘲的话，都会使别人对你顿生好感。那么，我们怎样才能做到适时地从自己的身边寻找话题来与别人谈话呢？

● **多去了解对方，谈对方感兴趣的话题**

如果是我们有求于对方，那么我们在行动前一定要多了解这个人的喜好、性格等。如果是别人第一次介绍认识的朋友，我们也要通过介绍人的介绍尽量了解这个人的性格，以此来进一步增进感情。有求于别人时，我们不可以直奔主题。开门见山固然好，但在这种时候，会显得有点鲁莽和唐突。也会有人在交谈之中，大谈当下最牛的股市让自己挣了多少钱，但是，你也许会发现对方的脸色正"由晴变阴"。原来，股市最牛的时候，他赔了很多钱。所以了解对方以后，我们还要谈对方比较感兴趣的话题，不要贸然地去谈论只是自己感兴趣的话题。

● **扩大范围，深入主题**

善于说话的人思维是跳跃式的，我们会发现他们喜欢从身边的话题谈起，很快地从一个话题切换到另一个话题，并且还能呈现出连贯性。比如，一个人与第一次见面的人由工作就可以谈到家庭，最后谈到自己的个人爱好以及很多事情，并且能在第一次就和对方成为好朋友。而不善于谈话的人，由工作开头，说来说去还是工作，不知道该怎样去过渡到下一个话题，肯定聊一会儿就会觉得没有话可说。所以和陌生人交谈，要从身边的话题来谈起，自然地过渡和切题，最终的目的是要加深感情，解决问题。

● 掌握适当的时机

我们和第一次见面的朋友不管是以什么样的话题起头，最终的目的是要拉近彼此之间的距离，增进感情，解决问题。那么，我们应该适时地把握时机，见缝插针地提出自己的问题。例如故事中的小姜，他只是来房地产公司推销他的方案，也许成功也许失败。但是小姜就是在不成功的情况下，找到了这样一个成功的机会。按照正常的思维，可以直接去董事长办公室，但是那样的话你也许根本进不了办公室就会被打发走，而小姜则是在电梯里短短的一两分钟一下子抓住了对方的心理。所以说抓住时机来和别人交谈，对于我们和陌生人的交流是十分重要的。

利用同情心理，让对方对你惺惺相惜

<<< 口才实例

林肯做律师时，有一天，一位老态龙钟的女人来找林肯，哭诉自己被欺侮的事。

这位老妇是独立战争时一位烈士的遗孀，每月靠抚恤金维持生活。不久前，出纳员竟要她交付一笔手续费才准领钱，而这笔手续费等于抚恤金的一半，这分明是勒索。

开庭时，被告在法庭上矢口否认，因为这个狡猾的出纳员是口头进行勒索的，没有凭据，情况显然对林肯不利。

轮到林肯发言了，林肯不是直接去为老妇辩护，而是用抑扬顿挫的嗓音，首先把听众引入对美国独立战争的回忆中。林肯两眼闪着泪光，声泪俱下地述说爱国志士是怎样忍饥挨饿在冰天雪地里战斗，为美国的独立自由流尽了最后一滴鲜血。最后，他作出令人怦然心动的结论："现在一切都成了往事。

第 13 章　初次会见陌生人：言语之中会表现真诚

1776年的英雄早已长眠地下，可是他那衰老而可怜的遗孀还在我们面前，要求代她申诉。不消说，这位老妇人从前也是位美丽的少女，曾经有过幸福愉快的家庭生活，不过，她已牺牲了一切，变得贫穷无依，他们不得不依靠先烈，用先烈争取来的自由，向我们请求援助和保护。试问，我们能熟视无睹吗？"

发言至此戛然而止。听众的心早被感动了，有的捶胸顿足，扑过去要撕扯被告；有的眼圈泛红，为老妇人流下同情之泪；还有的当场解囊捐款。在听众的一致要求下，法庭通过了保护烈士遗孀不受勒索的判决。

<<< 技巧点睛

我们要注意在说话场景中的措辞，好的措辞可以立刻引起对方的共鸣，产生良好的感情，一下子拉近你与对方的距离。还有的时候我们不妨"以退为进"，退一步来看问题，想问题，在与别人的言谈中使别人产生好感，甚至使对方产生同情的心理，这样事情就会好办许多。那么，我们该如何以退为进呢？

● **引起他人对自己的同情心理**

对于第一次见面的人，对方对自己了解甚少，甚至可能是一无所知，那么我们可以落落大方地介绍自己，并且善于将别人引入自己的话题范围，引起和自己的共鸣，以此来切入话题。比如，当别人诉说起自己不好的境遇时，我们可以用暗示安慰他，其实我的遭遇比你的更惨。这种精神胜利法对于第一次见面，感觉自己无话可说的人来说不失为一种策略。因为这样会引起别人对你的同情心理，正是因为有了这样惺惺相惜的感觉，才能使对方觉得你和他是"同道中人"，也就觉得和你有共同的语言了，那么以后的交往就会顺利很多。所以，我们在说话的时候，要善于制造惺惺相惜的场景，有时还可以将不能办到的事情办得很顺利，因为在对方不了解详情的情况下，对你会有这样一种感觉："哎，多么可怜的人啊！"

● 用真情实意来打动人

有些人很会说话，很会营造惺惺相惜的场景，这就是我们所说的作秀了。不会说话不要紧，对第一次见面的人，我们可以用点头或者微笑的方式来表示同意对方的观点。但是千万要注意，不要将另一个场景生搬硬套到这个地方来，那样就显得虚情假意了，别人即使嘴上不说，心里肯定是鄙视你这个人的。所以，我们和第一次见面的人相处，一定要让自己的感情真实自然地流露出来，不要让别人觉得你嘴上一套，心里又不知道是怎么想的，那样你累，对方也累。

● 注意场合和时间地点

同样，如果要制造引起别人同情的"磁场"，同样需要注意场合和时间。不要不分场合、时间就在别人面前絮絮叨叨地讲你的遭遇，也许人家当时就已经很反感你了，就是在合适的场合下，也不要每次都将自己的遭遇拿来博取别人的同情。一次两次，别人同情你，三次四次，人们甚至会唾弃你。所以在什么样的场景中就要有什么样的"磁场"，不要千篇一律。像林肯在法庭上的辩论一样，如果他直接去控诉那个出纳员，不一定会赢官司，因为那样战斗的是他一个人。

第14章
电话沟通传递情感：
用声音增加好感

随着社会的不断进步和发展，电话成为了人们生活中必不可少的工具。但是并不是每个人都会打电话。在电话交流中，如果能先声夺人，增加对方对你的好感，那么就会为彼此的见面和深交创造机会。所以要学习和了解一些打电话的知识和技巧。比如打电话的时间、打电话的礼仪以及电话沟通中的节奏和语气等。掌握了这些技巧和方法能让你轻松地先声夺人，赢得对方的好感。所以，要学会用电话展现自己，表达自己。

注意打电话时的措辞,给对方留下好印象

<<< 口才实例

　　孙敏和王杰两个人同时去一家公司面试,面试结束后考官让他们回去等消息。从公司出来以后大家都可以猜到他们两个人都发挥得很好,因为他们的脸上都洋溢着胜利的曙光。
　　在家等了三天就急着想知道录用结果的王杰,在第四天的上午就拨通了公司的电话进行询问,正巧人事经理有事外出,他没有问到什么消息。第二天他又在下午给公司打电话询问,接电话的人说他还不知道这件事情,让他安心地在家里等待结果。
　　又过了一天,王杰利用中午休息的时间直接给公司的人事部经理打了电话询问他的情况,人事部经理和气地在电话里告诉他,面试结果要通过商讨才能决定的,所以还是让他安心地再等待几天。
　　十天后,孙敏接到了公司人事部经理亲自打来的电话,人事部经理告诉他,他可以去公司报到上班了。
　　事后,公司人事部经理的一位秘书打电话告诉王杰,其实刚开始公司决定是要录用他的,只是后来王杰不耐烦地一个劲儿地打电话询问,甚至直接把电话打给了人事部经理,他的这种做法是公司不允许的,所以公司没有录用他。

<<< 技巧点睛

　　打电话是一件很容易的事情,而要打对电话却有点儿难了。打电话不仅仅

第 14 章　电话沟通传递情感：用声音增加好感

是接通了说几句话而已，里面包含着一种电话文化。电话什么时候打，该怎样打，打通了又该怎样说，打电话应该注意哪些礼节等都说明打好一个电话是不容易的。

案例中的王杰只会拨打电话，至于把电话打给谁，什么时间打这个电话他都没有在意，他在意的只是自己被录用了没有。一个不懂得电话礼节的人，怎么能被大的公司所录用呢？那么，我们怎样才能学会打好电话呢？

● 合适的时候打恰当的电话

当你在睡觉的时候，有人给你打来一个电话你会有怎样的反应呢？当你在开会的时候，有人给你打来一个电话你又是怎样的感觉呢？而正当你和女朋友约会时，一个远方的女同学给你打来一个电话你又是怎样的表现呢？

恼火、气愤、紧张、责备等一下子就会涌上你的心头，你在心里责骂打电话的人"真是烦人，打电话也不选择个合适的时间……"既然别人在我们不方便时给我们打电话，我们都会生气，那么你要是在别人不方便时打过去一个电话，别人肯定也会生气的。所以，打电话的时候我们一定要选择一个合适的时间段，比如别人下班休息时或者在吃饭前打过去。

● 分清场合打电话

一位大款在人员比较密集的中心广场打电话，嘴里还大声地说着"不就是三万块钱嘛，就当是送给你的见面礼了"，这样打电话不但会引来路人的惊奇，更会招来路人的嘲笑。坐在公交车上的一个人大声地打着电话，口中不断地跟对方谈着公司的某位领导，而对一车人满脸的惊讶，他却全然不顾。

在饭桌上不要打电话和电话里的人说公司里的事情，也不要说工作上的事情。在领导房间的隔壁打电话更不能说某某领导的闲话。在同一间办公室里也不要谈论其他办公室的事情。总之，要在什么场合说什么话、打什么电话，不能随心所欲地盲目打电话。

● 打电话是交往的礼节

在人与人的沟通过程中，懂得礼仪是尊重对方的最好表现。在电话交往的

时候，也要注意电话交往的礼节。有了交往的礼节，才不会失去你的风度。打电话的时候懂得一些电话礼节，更能给对方留下一个美好的印象。

注意电话礼仪，保持优雅风度

<<< 口才实例

小张是一个粗心大意的人，做事比较随意，想起什么就干什么，往往不顾及他人的感受。他只要有事，无论什么时间都打电话。

有一天晚上，小张突然发现自己打算拿回家的文件不见了，也不管已经到了什么时间，拿起电话就问同事。睡眼蒙眬的同事一头雾水，下班的时候都忙乎自己的那一摊，哪有工夫注意他的事情。小张挂掉电话一看都已经12点多了，弄得同事都没有睡好觉。

第二天到单位上班时，才发现那份找不到的文件还在他的办公桌上。小张又突然想到，昨天晚上那么晚了给同事打电话，真是对不起他啊。于是，他又拿出电话拨了同事的电话。谁知，此时的那位同事正在开会。在会场上，领导发现他的同事打电话非常生气，所以领导又把他的同事批评了一顿。

<<< 技巧点睛

电话是人与人沟通的桥梁。在你与他人沟通的时候应该注意一些细节，这既是为自己着想，也是为接电话的人着想。不要因为你的鲁莽而让对方感到不便。就像案例当中的小张，自己做事鲁莽、粗心大意，根本不顾及别人的感受，在短短的24小时之内就是因为打电话给同事造成了两次不良影响。为了避免我们打电话时给朋友造成的麻烦，在与人交流时要多注意学习一些社交礼仪，尤其是电话礼仪。

第14章 电话沟通传递情感：用声音增加好感

打电话也是一门学问，要是掌握好了就能在正常的交际当中体现你的风度和气度。那么，我们怎么做才能基本符合一般的电话礼仪呢？

● 接打电话懂礼貌

从接打电话就可以看出一个人的交际礼仪的水准，仅在接电话与挂电话这一微小的动作之间，就可以判断出你这个人是否真正懂得电话礼仪。打电话的经验会告诉我们，在别人休息时间之内是不适合打电话的，比如早上8点之前和晚上10点之后。这个阶段是大家休息的时候，没有人希望在这个时间段内接到别人的电话。同时，也不要在别人正吃饭的时候打电话，比如中午12点到1点，下午6点到7点。这时候，大多数人都在吃饭，试想当别人嘴里嚼着东西接你电话是多么尴尬。电话接通之后要说"你好"，要热情，这样让对方觉得你很期待和他交流，电话结束了之后要相互道别，给对方留下美好的回忆。

● 注意电话交谈的禁忌

打电话之前一定要做好准备，比如要明确谈话的主题，要叫出对方的名字和头衔。这样一来，电话接通了之后，你就不会因为紧张而不知所措，从而避免了该说的没说，出现冷场的现象。所以，在打电话之前一定要做充足的准备。说话要言简意赅，切不可说话没有主题，胡扯闲侃，让对方心生厌恶。把话讲完之后，要适当地结束谈话，向对方道别。

● 打电话时你该做什么

在日常生活中，人们通过电话也能粗略判断对方的人品、性格。因而，掌握正确的、礼貌待人的打电话方法是非常必要的。终止通话，放下话筒是最重要的环节，但却往往被人忽视。通话结束时，应该等对方先挂掉电话，先挂电话时应该轻放，不要用力一摔，这样会让对方怀疑受到了冷落。掌握正确的电话礼仪，会避免一些不必要的失礼，才让你的人际交往变得畅通无阻。

让对方首先喜欢上你的声音

<<< 口才实例

小梅和同事在一起逛街，接到了男朋友打来的电话。

电话那端的小马温声细语地对小梅说："梅，我在公司的年度考评中得了个优秀，你在哪里？我过来找你，今晚咱们好好庆祝一下。"

"真是祝贺你啊，我现在和同事逛街呢，要不你也过来，先陪我们逛街吧！"小梅高兴地对小马说。

"好，你们等我一会儿，我马上过去找你们。"小马温和地回答。

等电话挂了，在小梅一旁的同事羡慕地说："哇，你男朋友的声音好有魅力啊，跟播音员的嗓音一样有磁性，真的很吸引人啊！"

小梅也得意地把自己的男朋友夸奖了一番。

<<< 技巧点睛

大家都听过广播，广播里的主持人或者是播音员的声音一般都是很好听的。他们的声音不仅清楚、字正腔圆，还带有一定的磁性，可以随时随地吸引听众的耳朵。每个人的声音都带有自己的特色，一个好的声音就会带来一种好的效果。就像故事当中的小马，他的声音有磁性，在女性听来是很有吸引力的。说来也怪，女人就是爱男人那种深沉、厚重而带有磁性的声音。

"文如其人"一般专指的是文章写得好的人，而对于声音好听的人我们也可以说是"闻如其人"了。在与人口头交流时，有时候就需要声音去打动他人。那么在我们的生活中，怎样的声音才能算是"闻如其人"呢？

第14章 电话沟通传递情感：用声音增加好感

● 声音中的优美语言代表着你的形象

有一种声音，我们一听就知道那是山是水。有一种声音，我们一听就知道那是风是树。而有一种声音，我们一听就知道那是他还是她了。人和人之间是有差别的，其中的差别之一便是声音了。好的声音大家都喜欢听，更喜欢欣赏。常言道："锣鼓听音，说话听声。"一个好的声音往往需要有华丽的辞藻去填充，还需要此起彼伏的语调去修饰。当你在一群人当中，用一口流利的普通话和丰富的口语语言去和大家交谈时，他们就会认为你是个比较有学问的人，而他们也会从心底里敬佩你的这种说话方式，那么你在他们心目中的形象也就在谈话之间树立了起来。

两个恋人之间打电话或者是交流的时候，要是只有那么几句干巴巴的"我想你了""我也想你好久了"之类的话，对方怎样才能相信他是否真的想你了呢？所以面对你的恋人谈话时，你更需要用优美的语言和甜美的声音去获取对方的好感，从而得到她的爱情。

● 声音也需要简练，干净利落

我们在打电话时容易犯的毛病就是说话单调、呆板，整个通话中就是一个语调，甚至还啰啰唆唆说不清。这样打电话会使听话者感到乏味、不明不白。说话和打电话时，要尽量做到语言简练，形象生动，这样才能让听话者感到你说话的魅力。

恋人之间打电话，也要看具体的通话场景。比如，当你正在和别人说话时，你的女朋友打来电话要和你缠绵，在这时你要做到说话简练、干净利落，几句话把事情说明白就挂断电话。要不然，你和你的女朋友在那里咕咕哝哝地缠绵半天，把同你说话的人搁在旁边晾着多难堪啊。

● 掌握好语气也是对声音的修饰

不管你是在打电话还是正常地和人说话，语气都要有轻重之分。因为随便一句话总有重要字与次要字的分别。你说到重要的字时声音就提高些，不重要的便放低些。例如"他在大家心目当中的形象很好。"这句话中，"他"和"好"

两个字是关键词,说时音调自然就要提高。

打电话时要特别注意分清语气的高低。给你恋人打电话时,要是你大声地对她吼,她的心里会怎样呢?所以,在略带磁性的声音基础上,加一点优美华丽的辞藻,再掌握一种适合两个人之间说话的温柔语气,就不会得不到恋人对你的喜欢了。

控制说话语速,让对方听得清楚明白

<<< 口才实例

苏蕾毕业后顺利地进了一家大型企业上班,刚开始他的主要工作就是负责办公室的一些事务。

一天,苏蕾接到一个电话。电话那端的人听到电话接通,就叽里呱啦地开始说,最后说了一大堆话就直接把电话挂了,苏蕾基本上没有听进去几句。只得根据他的猜测那个打电话的是经理的哥们要找经理和他谈一笔生意。但是具体的这个人姓甚名谁,在哪个单位上班,具体谈的是什么生意也没有听清楚,原因是那个人说话声音太快,而且说的是地方方言。

苏蕾没有办法,只好按照刚才的那个号码打过去重新问个清楚,岂料那边已经是无法接通。等经理回来以后,苏蕾把刚才的事情说了一遍。他们又花了好长时间才把打电话的那个人找到。几天后,经理回来高兴地告诉苏蕾,他已经和他的那个哥们谈下了一笔大生意。

<<< 技巧点睛

不同性格的人说话就会有不同的效果,而这种不同的效果又表现在说话者说话时的快慢上。我们在学会说话时,关键还要学会如何控制好说话的节奏。

第14章 电话沟通传递情感：用声音增加好感

案例当中打电话的那个无名人士，就是因为说话太快而导致了苏蕾没有来得及听清楚他说了什么，进而引发了后续一系列的麻烦。

一个说话太快的人，给人的感觉他总是很急躁，话说完了大家都没有记住他说了什么话。而一个说话太慢的人，则让听话者听得急躁。那我们要如何在说话时让听者清楚明白，如何控制好说话时的节奏呢？

● **让他听清楚你所说的话**

说话很简单，一开口就是话，但是怎样说好话里面就大有学问了。尤其在打电话时，人和人之间是"只闻其声未见其人"的情景，要是双方都感到交流很流畅也很舒服，那你就做得很好了。比如，有些会计向领导报告工作时，就会有很多的数据要报告，要是这个会计说话的节奏比较快，领导就很难听清楚这些关键的数据。这样，领导有时候就会让他重新再做一次报告。

所以无论在什么场合下打电话，打电话者首先要做到的就是语言清晰。这样至少使你说的话他还可以听清楚，他能知道你给他传递了什么样的信息。

● **选择合适的语调显得你沉稳老练**

电话与人交谈时，不仅要控制好说话声音的大小，还要控制好说话的快慢节奏，必要的时候可以先声夺人，让对方感觉到你的沉稳和老练。比如，你给一个性格比较直爽的人打电话，你知道他说话时肯定声音很快很高，这时候你不妨先声夺人先开口向他以比较沉稳的语调问好，用你的语调给这次谈话定下基调。

一个会说话的人懂得，说话时不宜过于大声或者高声，保持声调略为低沉，语气坚定，态度平静，这样很容易获得对方的好感，大家都会认为你是一个稳重而自信的人。

● **"语速则不达"**

说话的速度要有变化，打电话时的说话速度更要有变化，既不能太快也不能太慢。我们平常与人谈话时，总会经常改变讲话的速度，尤其在说到兴奋点时，就会自然而然地、在不自觉中加快说话的速度。这种说话方式往往给人造成一种声势，就会使你性格的某一缺点显得特别突出，从而给你造成一定的影响。

赢在表达

打电话时语速太快,往往会造成对方听不清楚,不明白你说话的意思,就会给听话者带来一定的压力。所以,打电话一定要选择适合自己又能对应对方的说话节奏,这样才能得到别人的认可。

注意说话的语气,平稳拿捏谈话基调

<<< 口才实例

一次王军和几个朋友在一块儿吃饭,突然他的电话响了。他看看号码对朋友说:"不好意思,老婆来电话,我得接一下。"在座的几个人都笑话他,说他是"妻管严"。

"喂,老婆,我在外面和朋友一起吃饭呢,稍等一会儿就回家了,你什么事情啊?"王军微笑着对着电话轻声细语地问道。

这一问,电话里传出了一个刺耳的声音:"你就知道在外面鬼混,谁知道你在吃饭还是在干什么,等一会儿我下班了记得来接我啊,顺便陪我去逛逛街……"

王军把电话挂了,朋友们都面面相觑地说:"没想到你老婆还挺厉害的,真把你管得这么严啊?"

王军赶紧向大家解释:"哪里啊,我老婆对我可好了……"还没等他把话说完,几个朋友便异口同声地反驳说:"还狡辩呢,听刚才那电话里的声音,就知道你是个'妻管严'了。"

<<< 技巧点睛

一声轻轻的问候,会使人感到很温暖;一句轻轻的提醒,会使人从心底感激你。在说话的时候,掌握好了一定的语气,就能给对方一种亲切的感觉,就会拉近你跟交流者之间的距离。案例当中的女主人公虽然没有在王军的朋友面前撒野,但是朋友们还是从她打电话时的语气中断定,她就是真正的管家婆。

第14章 电话沟通传递情感：用声音增加好感

这个事例也告诉我们，在打电话时要特别注意说话的语气，以免让人听出语气之外的信息，让你的形象大打折扣。那么，我们在与人打电话交流时，怎样做才能不暴露自己的隐性缺点呢？

● **谈话需要和谐的气氛**

一般与人谈话时都需要一种和谐的气氛，在和谐的谈话氛围中，大家的心情愉悦，才能谈得开心、谈得顺心。比如，一对恋人谈恋爱，他们之间的谈话或者是打电话交往，要是没有了和谐的谈话氛围，他们的恋爱还能谈得成功吗？

生活中就常有这样的例子，一对夫妻关系不和或者是一对好朋友关系恶化，他们在打电话时通常会有一种气愤、不和谐的谈话氛围，在这样的谈话氛围中，他们的谈话也只能是越谈越糟了。

● **好的语气给人一种愉悦感**

和谐是大家一致追求的精神目标。在与人交往时，我们追求的也是一种和谐之美。一个善于与人交谈的人擅于创造一种和谐的谈话氛围，在和谐的谈话场景下运用一种好的语气去感染对方，使谈话者之间产生一种精神上的愉悦感。

比如，大家都喜欢和说话温和的人交往，因为这样的人比较平易近人，说话别人都爱听，而听话者也喜欢在与这样的人交谈时寻找一种快感。所以，在我们与人交往时，要尽量选择适合双方的谈话语气。

● **语气恰当则事半功倍**

一个成功的谈判者，都会选择一种恰当的语气去和对方谈判。与人辩论的时候，我们可以采取质问对方的语气，去为自己争取压倒对方的机会；与人办事或者是求人办事的时候，我们可以采取谦虚的语气去争取对方的帮助；与恋人之间的谈话，我们可以采取和婉、文雅的语气去赢得对方的好感……

在什么样的场合下选择什么样的语气，和什么人交谈选择与之相应的语气，我们控制了语气的基调，在整个谈话过程中也就掌握了几分胜券。虚心、诚实、坦白和尊敬别人，是谈话艺术的必备条件。有时候与人谈话我们要尽可能地在语气上和婉、文雅。有时候说话语气和缓有度，既恭维了对方，掩饰了自己不该暴露的缺点，又表明了自己谦卑的态度。

第16章
当众演讲不怯场：
用热情的语言点燃全场

古人言："腹有诗书气自华。"人人羡慕那些妙语连珠、出口成章的说话高手，要想让自己腹中有物，首先得善于学习。而演讲是要用真情实意来打动听众的心，如果不是用自己的真情实感来和听众融为一体，那么即使你的言辞再华丽、委婉动人，也会使听众觉得你虚情假意。再者演讲要贴近生活，以自己的事情来作为演讲中的例子，这样的效果肯定会比你讲很多别人的例子要好得多。演讲要做到有情有理，为此我们就应该多深入生活，多体验生活，只有这样才会真正地做到出口成章。

第 15 章　当众演讲不怯场：用热情的语言点燃全场

要想言之有物，必先武装大脑

<<< 口才实例

小王是一家大型外企的职员，最近公司公开竞聘一名部门经理，小王也想参加。这在小王的朋友们看来非常不可思议，要知道，平日里小王连话都很少说，更别说在几百人面前作竞选演讲了。

竞选演讲开始了，大家暗暗替他捏了一把汗，生怕他在台上出丑，但是总算有惊无险地开场了。这时，就听主考官打断他问道："如果你作为一名部门经理的话，你该如何去做？"这是小王事先并没有料到的，大家也认为这下小王肯定要出丑了，就连他的对手都开始得意地笑了。

只见小王不慌不忙地说："根据我的经验，我觉得首先要了解自己的员工……其次，要对自己公司的运营状况有一个详尽的了解……最后……"没想到仅仅是主考官的一个问题，小王结合自身的经验，滔滔不绝地讲了一个小时，就连小王的朋友们也感到十分惊奇。

事后，朋友们问小王为什么会有如此大的进步，小王告诉朋友们，自己因为是一名小职员，所以有更多的时间去学习和实践，而自己在竞聘演讲当中所讲的一切，就是平日里自己注意观察总结并让自己充实的结果。

<<< 技巧点睛

现代社会迅猛发展，人与人的接触越来越频繁，语言交流能力也越来越重要。作为一个讲演者，如果自己肚子里没有东西，就不可能出口成章，即使你很顺利地结束演讲，你的演讲也会让人感觉到枯燥无味，也不会在听众心中留下深刻的印象。作为一个成功的演讲者，肚子里要有东西，演讲时能贴近生活，

这是一个演讲者首先应该具备的因素。如何做到能腹中有物呢？

● 自己先要有"一桶水"

作为一名教师，要想给自己的学生一杯水，首先自己就得有一桶水。同样的道理，作为一个演讲者，要想让自己有出色的口才，能使自己出口成章，就得有"一桶水"，甚至自己就得是一条小河，淙淙流淌，这样才能让自己在讲演中立于不败之地。当今世界科技日新月异，在快节奏的生活中，我们更应该多给自己的肚子装一点墨水，紧跟社会潮流，不要让人家觉得你只是一个绣花枕头，徒有外表，而腹中尽是"稻草"。只要你有一颗善于学习的心和一颗进取的心，你也就获得了能出口成章的先决条件，你离成功也就不远了。

● 演讲场上也需要幽默

当一个人有了满腹的学问，而且能够出口成章的时候，还应该有一点幽默细胞，不然的话就会成为一个"酸腐气"十足的老学究。生活中，凡是幽默的人多是待人宽厚、与人为善的，也是容易与人相交往的、受大众欢迎的人。同理，演讲场上也是需要一点幽默的，在演讲场上懂得一点幽默的人，往往可以赢得更多的观众。有时候演讲者适当的一个夸张的动作，或者一句自嘲的话语，就能给听众留下深刻的印象。即使自己在讲演的过程中有一个小纰漏，或者一个小错误，也会即兴用幽默的口吻来化解尴尬，当然大家也不会过多地去计较。所以，一个懂得幽默的讲演者也会是一个驾驭语言文字的高手。

● 多贴近生活

有的人在演讲时，会展露出自己的一点才气，也会有一点幽默，但是，他还是不会得到观众的认可，甚至有时一场演讲下来，观众都不知道他在讲什么。原因就在于演讲者从书本理论的高度出发，不能够贴近现实生活。我们说"知识源于生活"，脱离了生活的讲演，无论你的言辞有多么精美，例子有多么生动，听众也好像只是在听天书似的。比如，有一位外交官去非洲演讲，当他讲到"雪白"这个词的时候，听众就无法理解。这个外交官知道当地产椰子，而椰子肉也是雪白的，于是他改用椰子肉作为比喻，台下的听众就好理解了。

第 15 章　当众演讲不怯场：用热情的语言点燃全场

抑扬顿挫的话语更易调动观众情绪

<<< 口才实例

法国大革命时期，当时有一个女保皇分子，利用给大革命领导者马拉洗浴治疗皮肤病的机会，潜入浴室里将马拉杀害了。此事一出，当时在国民公会中，一个名叫希罗的人为此发表了演讲，演讲中他大声疾呼："大卫，你在哪里？你给我们留下了为祖国献身的列比里契埃的形象，现在，该再画一幅出来！拿起你的画笔吧，为马拉报仇！让敌人看到马拉被刺时的真实情景而发抖！这是人民的要求！"希罗这一呼吁，立即引起强烈反响，当时正在现场的画家大卫立即大声回应道："好，我一定再画一幅！"全场响起热烈掌声。三个月后，大卫的名作《马拉之死》诞生了。

<<< 技巧点睛

演讲中的高手，通常都能积极地将观众的情绪调动起来，使观众的情绪随着自己语调的起伏而起伏，成为"煽情"的好手。初次登台的演讲者，缺乏的正是这种调动听众的积极性和语言的生动活泼。在口语表达中，语调的抑扬顿挫，不仅能够调动听众的情绪，也更有利于口语的表达，使你所说的每个字都能清晰地传达给听众。我们应该学会做听众情绪的指挥家，使听众的感情随着讲演人的情绪高低起伏，达到"煽情"的效果。

● 要做到语调的抑扬顿挫

演讲者在语言表达中，语句的停顿、语速的快慢、音量的大小、声调的高低等因素都会对观众情绪的发展起到一定的作用。抑扬顿挫的语调既是一种语言标志，也是一种修辞手法，一种为了加强某些特殊效果或应付演讲现场的某些特殊需要而采用的停顿。但是就是这种手法，用得好就可以将听众的情绪调动起来，用得不好就会使听众觉得演讲者是在矫揉造作。适当的感情停顿，可

以表达演讲者微妙的情感变化,还可以使听众集中注意力。抑扬顿挫手法最常见的就是演讲者讲出上半句,以吊足听众的胃口。

● 要达到调动听众积极性的效果

要想做听众情绪的指挥家,首先我们就得调动听众的积极性,只有调动了听众的积极性,才算是一场成功的演讲。一个不善于调动听众积极性的演讲者只能算是一个出口成章的说话者。当然,无法触发听众的神经,听众就不会喜欢你。调动听众的积极性,说白了就是和听众产生共鸣,甚至说是为了博得听众的同情,这样才能让自己的言语打动听众,让听众来感受演讲者的感情。

● 用真诚来打动听众

卡耐基曾说过:"若一位演讲者带着坚信的口气,真情诚恳地叙说,那他是不会失败的。"不管一个演讲者讲政治还是经济,或者自己对某一件事情的心理感受,要让听众觉得你确实有一种不得不告诉他们的强烈愿望,调动听众的情绪,那么这个演讲者的演讲就会有强烈的感染力,就会是成功的。如在先进人物事迹的演讲报告中,演讲者应该把首先感染自己的东西拿出来同听众分享,感染听众,打动听众,做听众情绪的指挥家。

当然,要用真情来打动听众,首先演讲者应该将自己的真情实感融进演讲中。如果自己对演讲的内容都不感兴趣,那么就更不要说打动听众了,反而会让听众对演讲者产生厌恶感。

引人入胜的"豹头凤尾"演讲方式

<<< 口才实例

林肯竞选总统时,他的对手是民主党的大富翁道格拉斯。这名阔佬在一次竞选演讲之前放出狠话来说:"我要让林肯这个乡下佬闻闻我的贵族气味。"

第15章 当众演讲不怯场：用热情的语言点燃全场

面对对手的侮辱和挑战，林肯一开场便说："是的，我没有车，没有财产，但我有一个妻子和三个儿子，他们都是我的无价之宝。此外，我还有一个办公室，室内有办公桌一张，椅子三把，墙脚还有一个大书架，书架上的书值得每人一读。我本人既穷且瘦，不会发福。我实在没有什么可依靠的，唯一可依靠的就是你们。"一个很简短的开场白就简单地勾勒出了林肯清贫的生活，牢牢地吸引住了台下的普通百姓。接下来，林肯很自然地从收入、工人就业等老百姓关心的问题入手，进行自己的演讲。

最后，林肯充满激情地说道："我真不想就此结束我的讲话，我不是你们的敌人，而是朋友。我和你们一样什么都没有，所以我们是在一条战线上战斗，绝不能容许我们之间的亲密情感纽带破裂。在整个这片辽阔的土地上，从每一个战场，每一个爱国志士的坟墓，延伸到每一颗跳动的心和每一个家庭，都会奏出联邦合唱曲。"这样的结尾，一下子拉近了自己和大众之间的距离，让选民们觉得林肯真的是为人民做事，为美国人民谋幸福的。

<<< 技巧点睛

文学创作有一句话叫作"豹头、猪肚、凤尾"，意思是说我们写文章的时候，开头一定要写得有力量，结尾一定要写得漂亮，同样，演讲也需要一个引人入胜的开头和一个引人深思的结尾，那么，演讲者演讲的目的也就达到了。

● **有一个引人入胜的开头**

一句幽默的话语，提一个富有哲理意味的问题或者一个很新鲜的比喻，甚至是一个动作，都能很快使听众产生兴趣或者好奇的心理，使听众产生要听下去的强烈愿望。作为演讲者，能吸引听众，就已经成功了一半，这也就是我们所说的演讲要说好第一句话。

有一名教师到一个贵族学校去作一个关于"勤俭节约"的演讲，演讲开始时，那些平时养尊处优的学生就是不能安静下来。这位演讲者灵机一动，告诉老师，将大厅里的灯关了，顿时一片漆黑，学生们不知道什么情况一下子竟然安静了下来。幻灯片上出现了那张有名的"大眼睛"的照片，于是，演讲者开始了自己的演讲。

但是，演讲者不要刻意地去为了引起听众的注意而模仿开场的幽默。如果你在平时是一个百科全书式的老学究，而在演讲时总想有一个轻松、幽默的开场白，那样反而会让观众觉得索然无味。这样的演讲者不如以讲故事的方法开头，效果会好一点。如果你演讲的开头不能引人入胜，那么即使再好的一个"凤尾"，有谁会可以看得到呢？

● 自然而发人深省的结尾

理想的结尾莫过于引用名言名句及诗文了，以适当的名言警句来结束自己的演讲最能显现出一个演讲者的高明之处。但是"放任四海而皆准"的共识，并不适合每一个演讲者，多数情况下，我们还要视具体的场合和时间而定，不可以一概而论。那么，如果在演讲过程中一时想不起准备好的那句名言或者诗文，那该怎么办呢？这时，我们可以提出一个问题，去留给听众来思考，也可以用一个引人深思的故事来结尾，给听众留下意犹未尽的悬念。

● 朴实无华地连接好开头和结尾

一篇演讲有了一个好的开头，又有了一个漂亮的结尾，还不能算是万事俱备，同样我们还得给"豹头"和"凤尾"找一个承上启下的"猪肚"。当然，这样的一个"猪肚"，就不需要我们去费心地做得像开头和结尾那样精彩了。只要是能自然贴切地连接，不出现大问题或者错误的言论，听众是懒得去计较的。因为我们知道，在一场演讲中，大多数听众的注意力仅仅在开始演讲的前十几分钟，以后大家的注意力多少就会有点分散。

冷静沉着，从容对待冷场和意外

<<< 口才实例

瑞恩准备参加一个演讲比赛，他尽全力为这个演讲比赛做准备。他精心选择了一个题目，并且反复地将这个故事逐字逐句地背诵了下来，还进行了很多

第15章 当众演讲不怯场：用热情的语言点燃全场

次的演练预讲。

演讲开始那天，会场里来了有几千人，黑压压的一片。轮到瑞恩演讲时，当他说出题目之后，意外发生了，他的大脑一片空白，什么也说不出来了，他顿时不知所措。

有人看出了瑞恩的尴尬，于是开始起哄，会场里顿时出现一片嘘声。甚至有人已经开始高喊："瑞恩，你这个只知道吃，脑子里什么也不装的饭桶，快滚回家去吧！"有人听到这些话开始哄堂大笑。

等台下平静下来，瑞恩稍微调整了一下自己的心态，幽默地说道："哦，先生，对于你的不友好，我想用武器同你们斗争，我来时就会……"他停顿了一下，大家以为他会说，带着炸弹、武器、棍棒等，但不料他说："我来时就应该带着冷若冰霜的美女。"台下笑声一片。瑞恩道："不过，今天我来得仓促，只带来了我的演讲稿，我想先生同样也会对我的演讲稿感兴趣吧？"这时，那些先前起哄的人也不好意思起来，而瑞恩话锋一转，开始了自己的演讲。

<<< 技巧点睛

一个成功的演讲者在演讲之前，除了要做好充分的准备工作之外，还得做好处理突发事件的心理准备。演讲者常常会出现这样的情况，在演讲过程中突然卡壳，或者遇到听众的起哄，出现冷场或者尴尬的局面，这就要求演讲者善于引导听众和打破僵局，善于控制随时变化的局面，防止冷场。那么，我们该如何来避免或者控制出现的冷场呢？

● 要有良好的心理来应对

俗话说得好，"计划不如变化快"。一个成功的演讲高手善于引导听众，并避免出现冷场的情况，随时随地都准备着应付来自方方面面的诘难，随时使自己的心态处于良好的状态，即使是别人对自己的打击，也不会使自己的心情低落。而当一个初次登台的人，一旦台上出现自己不曾遇到过或者自己准备不周的情况时，就会乱了自己的阵脚，出现冷场和尴尬的僵局。所以，一个演讲者在准备上台演讲之前，就要做好最坏的打算。当冷场不可避免地出现时，自

己首先不要乱了方寸，这样才会让听众对你印象深刻。

● 将问题"回踢"给对方

当演讲出现冷场的时候，就需要演讲者的机智幽默来化解自己的僵局，甚至是将问题"回踢"给对方。

当演讲的时候，演讲者要尽量避免冷场。但是，当冷场出现的时候，我们也不要害怕，以平和的心来处理冷场。

● 以变换话题来解决冷场

以变换话题的方式来解决冷场，也是作为一个演讲者必须要具备的。所谓变换话题，就是当讲话陷入僵局的时候，可通过暂时变换话题的方式来转移听众的注意力。但是，要使变换话题成功，也要注意两个方面。一是要自然，就是指变换的话题要与原来的话题连得上，不要离题太远。也就是说，变换的话题与原来的话题要有某种联系，或者是"答非所问"。比如，在一次公开的记者招待会上，一位记者问一位明星对近期绯闻中的女主角有什么看法的时候，这位明星答道"她很漂亮"而变换了话题。二是变换话题要及时。所谓及时，就是指变换话题要抓紧时机，在对方话题尚未充分展开之前就以新的话题取而代之，使对方在不知不觉中离开原来的话题，将焦点逐渐转移到新的话题上去。

用真情实感打动你的观众

<<< 口才实例

小方在一家家具店当销售员。一天一个顾客进店光顾时，问他店中有没有一种可自由折叠、调节高度的桌子。

于是，小方搬来了桌子，如实地向顾客介绍。他说："老实说，这种桌子

第15章 当众演讲不怯场：用热情的语言点燃全场

不怎么好，我们得常常接受退货。""啊！是吗？那我得好好看看，我看它挺实用的。""也许是。不过据我看，这种桌子不见得能升降自如。没错，它款式新，但结构有毛病。"

"结构有毛病？"客人追问了一句。

"是的。它的结构过于精巧，结果反倒不够简便。"

这时，客人反而笑了起来，脸上甚至露出喜悦的神色。

"坦白说，我劝您还是别买这种桌子，您到其他家具店看看，那边的东西也许好得多。"

"好极了！"

客人听完解说十分开心，也出乎意料地表示他想要买下这张桌子，并且要马上取货。

顾客一走，小方就受到了主管的训斥，并被告知他被"炒鱿鱼"了，马上要他到人事部办理离职手续。过了一会儿，小方便动手整理东西，准备回家。这时，突然来了一群人，要买刚才一模一样的桌子，并且一下就买走几十张桌子。原来，他们是刚才那位买桌子的客人介绍来的。

就这样店里成交了一笔很大的买卖。这件事也惊动了经理，小方不仅没被辞退，经理还主动提出要与他再续约。

<<< 技巧点睛

不仅人际沟通需要诚意，演讲也是需要诚意的，真诚的人无论何时何地都会受到大众的喜欢。同样，作为一个演讲者，如果把自己的演讲仅仅当作一场表演，而不是将真情实感融进自己的演讲之中，不能引起听众的共鸣，不能积极地调动起他们的情绪，那么他就是失败的。作为一个演讲者，就是要讲出自己的真情实感。那么，我们该如何讲出自己的真情实感呢？

● 贴近生活，现身说法

我们说"理论源于生活"，我们与人交往当中的说话，不能光凭"一腔热血"而远离了生活，这样的话语讲出来会很空洞，甚至无法让人明白。例如，一位

外国人在听到一位中国学者讲到"雪花大如席"时,无论如何也是无法理解的。当他的中国朋友告诉他这是一种夸张说法的时候,他还是不能理解。其实,这是一种中外文化的差异,因为他无法理解中国人生活的这个文化氛围,他自然就不能理解这句话了。

所以,贴近生活,以自己或自己的事情来作为演讲中的例子,这样的效果肯定会比你讲很多别人的例子要好得多。演讲要做到有情有理,自然我们应该就要多深入生活,多体验生活。

● 视对象而决定演讲的基调

有这样一种演讲者,他们受到一部分人的喜爱,但是却受到另一部分人的排斥。这是为什么呢?原因很简单,就是因为这些演讲者不会根据自己的演讲对象而演讲,不分场合时间,演讲都是千篇一律的。那么,自然就不会引起另一部分人的共鸣,也不会博得这部分人的好感,演讲者自然就会被这部分人所排斥了。

一个演讲高手,善于在演讲场合面对自己的演讲对象而演讲。这就要求演讲者面对农民,就不要谈论政治和经济学,面对"白领"就不要大谈农事。

● 先抑后扬的手法

写作文的时候常常要用到先抑后扬的手法,演讲的时候同样也可以多用这样的手法。例如在作人物先进事迹报告演讲的时候,一个"煽情"的高手善于从小处来着手,甚至有时候会故意把这个人贬低,让听众觉得自己也可以和这样的先进人物来媲美,但是,他们总是能在这些人的平凡事迹中找到闪光点,来达到先抑后扬的效果。

作为年轻人,在演讲中,我们不妨用一用这样的手法。这样的手法很容易引起听众的共鸣心理,一下子就可以拉近演讲者与听众的心理距离,从而达到自己的演讲目的。当然,这样的手法也一定要用得恰如其分,不要让听众觉得你是在夸夸其谈。

第16章
巧妙对答赢得辩论：
针锋相对、巧言震摄人心

　　辩论的实质是语言之间的较量。而辩论本来就是正反双方都把各自当作对手，然后想办法用自己的言论去驳倒对手。想要轻松地战胜对手，首先要做的应该是充实自己，其次是了解对手，主要是了解对手的弱点，最后做到知己知彼。如果你被别人抓住不放的时候，不要慌乱，从哪里跌倒，就从哪里爬起来。在辩论的时候，要学会用针锋相对、以牙还牙的方式来还击对方，最终战胜对方。

赢在表达

发现对方的漏洞，寻找突破时机

<<< 口才实例

在一次题为"上网是否有助于学习"的中学生辩论赛上。

刚开始，正方辩手以上网对学习有害的观点略占上风，这使反方辩手压力很大。可就在辩论进入白热化的时候，有一位正方辩手突然说："本人于昨晚上网查资料时无意中发现这样一则新闻，是说有关上网有害的。"

这时反方辩手很快站起身说："正方辩友所陈述的观点是上网有害，可自己刚才却说昨晚用网络查学习资料，请正方辩友对此给予恰当的解释。"就这样一句话，使正方辩手大乱方寸。自然，辩论以正方失败而告终。

<<< 技巧点睛

辩论本身主要就是体现参加辩论的一方如何用恰当的言论去驳倒另一方所坚持的观点。辩手双方所坚持的观点本身就是一对相互矛盾的对立观点，而每一方所陈述的言论里必然也存在着矛盾。矛盾是无处不在的，所以辩论输赢的关键就是如何抓住对手话中的矛盾，然后去激化矛盾，最后方可战胜对手。对于抓住矛盾并激化矛盾，我们至少要做到如下几点。

● 仔细倾听

辩论的实质主要是语言之间的较量。当一方在陈述自己的观点时，另一方不是干坐着，而是应该用心去倾听，仔细注意对方的每一句话、每一个词语，看看是不是有说错的地方，或者是正好与你方所阐述的观点相符合的地方。因

第 16 章　巧妙对答赢得辩论：针锋相对、巧言震慑人心

为辩论双方一般都是同龄人，你会出现的错误，就不能保证对方不会出现。所以，一旦发现对方的语言中出现有利于你方观点的词语或者句子，就应当马上将其记下，并从中仔细推敲出可以击败对手的言论。

● 抓住时机

人们常说："机不可失，时不再来。"意思就是当你发现机会来了，你就要马上抓住它，而不是等机会错过了才坐地叹息。在辩论赛中这句话就可以很好地体现。因为每一场辩论赛都是有时间限制的，当你发现了对手的矛盾后，却没有适时地抓住它、利用它，等错过了再后悔是没有任何意义的。

那么如何更好地抓住机会呢？首先要自己勤快，因为机会不青睐懒惰的人。当你勤快地做好了该做的准备，机会来了，你才有时间去抓住它。

其次就是在学习中积累有用的东西，来壮大自己的实力。这也是抓住机会的基础。

最后要学会主动出击。大多数人都习惯于等待机会，相信机会会主动来临。其实如果自己不主动，即使有好机会也会被你错过。

● 伺机而动

伺机而动，就是在适当的时候说出适当的话。这样所说的话才会起到事半功倍的效果。很多年轻人由于性格冲动，所以在很多时候说话不考虑场合，这样就很容易让别人误解自己。

说话有时候就像打仗，也要学会伺机而动。比如你的朋友夫妻俩正为钱的事情吵架呢，你这时候又提出来向朋友借钱，不但借不着钱，还会闹得大家都不高兴。

所以说，伺机而动也可称得上是一种说话的艺术。比如有人去买吃的，而卖主恰好就喜欢被人奉承，他就在买东西的时候爱说上两句："哎呀，你的东西就是好吃，主要还是你的手艺不错，其他卖主就做不出你的这个味儿。"果然，卖主一听就高兴，立马免费让他多品尝了几个。这就是懂得什么时候该说什么话所带来的好处。所以在辩论的过程中，要沉得住气，一时的失利

并不要紧，等到对方露出破绽再主动出击，这时，你的言论就可以起到意想不到的效果。

● **激化矛盾**

只有矛盾激化了才会发挥效益。在辩论时如果你发现对手的言语中有潜在的矛盾，而你却没有及时有效地激化这些矛盾，那你也只有后悔的份儿。当你抓住了对手言语中的矛盾时，那就等于是机会来了。这时如果你还不主动出击，激化矛盾，那你就只能是以失败而告终，伴着自己的叹息声离开了。

旁敲侧击让对方自行就范

<<< 口才实例

有一位刚从警校毕业的大学生被分配到了一个治安较差的地方工作。刚到工作单位他就接到了一项很艰难的任务——当卧底。

他的主要任务就是打入一个毒品交易团伙，收集一个毒贩的贩毒证据。他很优秀，很快就打入了这个团伙当中，并且刚好被安排到他要收集犯罪证据的那个毒贩身边。

可能是他刚进去不久，也可能是毒贩对他有所怀疑，过了好几个月，他都没有收集到一丁点的证据，这让他万分着急。于是在他和毒贩在一起的一天，他突然低着头对毒贩说："老大，我不想跟着你混了。"毒贩听了很是生气，就问道："为什么？"这时候卧底才说："我跟了你这么久，你每次交易都不带着我，你经常对我说你是全城这一行的老大，可我怎么从来就没见过你的生意到底有多大，所以我觉得跟着你没前途。"

果然，毒贩就范了，真带他去交易了。不久，毒贩就被警方抓获并判刑。

第 16 章　巧妙对答赢得辩论：针锋相对、巧言震摄人心

> **<<< 技巧点睛**

这样的案例我们可以从电影中经常看到。大多数青年都觉得这个卧底很有胆识、很勇敢，但很少有人发现，其实是他对毒贩说的话起了关键性的作用。因为他抓住了一般犯罪分子的弱点，用激将法逼其就范。所以这个事例最值得我们学习的地方应该不是勇敢或者胆识，而是卧底说话的艺术。因为他的话正好符合"旁敲侧击，逼其就范"这种说话艺术。我们该如何运用这种说话艺术呢？

● **从对手的弱点出手**

这种方法往往在面试中常见。面试考官为了淘汰应聘者，经常会在提问之前就用怀疑、尖锐、咄咄逼人的眼神逼视对方，先令对方心理防线步步溃退，然后猝不及防地用一个明显不友好的发问激怒对方。如果应聘者的心理素质不好，那他只能被淘汰。

所以，在辩论中如果想逼对手就范，就首先要找准对方的弱点，再适时地向对手的弱点发起攻击。很多时候，一个优秀的辩手总喜欢先激怒他的对手，让其乱了方寸后才去正式攻击对手。而从对手自身的弱点去进行挑战，是最容易、最有效激怒对手的一种方法。

就像面试官咄咄逼人地发问时，总是会说一些"你经历太单纯，而我们需要的是社会经验丰富的人。""我们需要名牌院校的应聘者，而你却不是名牌院校毕业的。"诸如此类直击应聘者最薄弱的地方的话，最终使应聘者信心受挫，自动走人。

● **设置语言陷阱**

语言陷阱在辩论中经常出现。辩论一方为了战胜对手，常常说一些看似有利于对方，但最后却套住对方的话，以此来达到战胜对手的目的。同样的例子在青年求职面试中也会经常遇到。比如，有个青年前去一家私人企业应聘财务总监，面试考官也许会突然问他："我看你的简历上说你以前做过财务总监，我觉得以你现在的水平，恐怕能找到比我们企业更好的公司吧？"这位青年如

果回答说"是的",那么说明他也许正脚踏两只船,"人在曹营心在汉"。如果他回答"不是的",那又会说明他缺少自信,或者能力有限,以至于他只能乖乖掉进面试官所设置的语言陷阱。所以,要想逼人就范,适当的时候设置适当的语言陷阱,是一种切实可行的好方法。

● 借题发挥

借题发挥,就是借谈论某个问题来表达自己真正的意思,其实借题发挥就是旁敲侧击。当然,要想借题发挥,就得具体情况具体对待。有一个笑话说,美国五星上将卡特利特·马歇尔在驻地的一次酒会后送一位小姐回家。这位小姐的家就在附近,可是马歇尔开了一个多小时的车才把她送到家门口。姑娘好奇地问道:"你来这里时间不长吧?你好像不太认识路似的。"可马歇尔却说:"我不敢那样说,如果我对这个地方不熟悉,我怎么能够开一个多小时的车,而一次也没有经过你家的门口呢?"这位小姐后来嫁给了马歇尔。所以要想通过旁敲侧击使对手就范,就要像马歇尔那样,在适当的时候懂得通过借题发挥来达到自己的目的。

针锋相对,狭路相逢勇者胜

<<< 口才实例

他叫小雷,在班上他调皮捣蛋、上课不听讲,插嘴、玩东西、爱讲话。有一天上课,他又开始说话。一开始,他的同桌不是拍拍他的桌子,就是用眼神暗示他,但他还是肆无忌惮地讲话,使同桌很烦恼。

当然他的一举一动也被老师发现了。为了不影响其他同学上课,老师对他说了句:"下课到我办公室来。"果然,这招灵了。他安静了下来,但看上去不服气。课后,他耷拉着脑袋走到老师身边,并表现出害怕的样子。

第16章 巧妙对答赢得辩论：针锋相对、巧言震慑人心

老师本打算带他到办公室好好批评教育他一顿，可老师突然想到了其他办法。第二节正好是体育课，老师想正好利用起来。于是老师请他坐在自己旁边，并对他说："今天我们来打个赌，比比我俩谁的话多，只有一个要求就是你要一直和我说。"他刚开始有点担心，但迫于和老师打赌，所以还是开口说了。在他说的过程中，老师很认真地听着并时不时地问着"后来呢？你怎么发现的呢？"

慢慢地他和老师一直不停地说了将近20分钟，他感到累了，便主动对老师说："可不可以不说了？"当然，老师的意图刚刚有了成效，怎能半途而废？老师不同意，又继续和他说，这时他坐不住了，脸上有了痛苦的表情。差不多又说了10多分钟，他意识到了这次打赌就是老师的惩罚，所以他开始承认错误，说道："以后上课我再也不说话了，因为我说不过你。"他开始不停地向老师认错并作出保证。

果然从此他大改以前的行为，就让老师和同学欣慰了许多。

<<< 技巧点睛

很多时候，有些人伤害了别人他自己并不知道有多么疼痛，只有自己真正受到了相同的伤害，他才能体会其中的滋味。在辩论的时候也是一样的，对方揪住你语言的错误不放的时候，你不妨也从对方的语言逻辑中找失误，当对方正在为把你逼入死胡同而高兴不已的时候，冷不丁被你揪住小辫子不放，逼入死胡同。说白了，辩论就是双方之间进行语言的攻击，所以，当你被别人抓住不放的时候，不要慌乱，从哪里跌倒，就从哪里爬起来。那么，在辩论的时候，如何才能用针锋相对、以牙还牙的方式来还击呢？

● 找到错误的对应面

在双方进行辩论的时候，一不小心就会被对方抓住小辫子，被逼入窘境。这时候不要慌乱，留心自己所犯错误的对应面。比如错误犯在语言不严谨上，那么就要死死盯着对方所说的每一句话，没有人说话滴水不漏，只要你用心盯着，一定能找到对方语言上的错误。一旦找到，立即反驳，在事实面前，让对方自相矛盾，之前对你的攻击也就失去了意义。所以，找到错误的对应面是反击的最好办法。这就是针锋相对、以牙还牙。

● 应用和对方相同分量的词语

有时候,为了将辩论的对立方置于死地,有些人在辩论的时候使用非常严厉的词语,觉得只有这样才能让对方败下阵去,才能将对方驳得无地自容。殊不知,对方也在积蓄力量,将你逼得无法生存。因为有多大的压力,就有多大的弹力。你对对方使用多大分量的词语,对方回敬你的依然是多大分量的词语。所以,在以牙还牙的过程中,要准确衡量对方使用词语的分量。不要轻了,也不要重了。语言的分量轻了,起不到压制对方的作用。语言的分量重了,只能再次激起对方的强烈反抗。如果对方找到相应的错误,使用的词语将会更重,这样恶性循环,不但赢不了对方,还会因此而结下怨气。所以,在使用词语的时候,一定要把握住对方用词的分量,只要能相应地反驳,对方就会败在自己手上。

● 不要得意忘形

用以牙还牙的方式将对方驳倒之后,不要得意忘形,觉得对方已经败下阵去。你的得意忘形只能激起对方的斗志,这样一来,在一个问题上就会陷入无休止的争斗中,使整场辩论变成某一个局部问题的纠结,导致真正需要辩论的题目被搁置,容易跑题。所以,即使把对方驳倒,也要保持低调。不要得意忘形,更不要羞辱对方。对方只是在某一点上败了,并不代表整场辩论输了。

稳定心神,迂回一点也可以达到目的

<<< 口才实例

西欧某国的一名外交官倚仗自己国家的强大实力,总表现出一副高高在上的模样,并以刻意贬抑他国、炫耀本国。

第16章 巧妙对答赢得辩论：针锋相对、巧言震摄人心

于是，在召开的一次重要会议中，因为信仰的不同，那位西欧的外交官和一位非洲外交官之间发生了一些不愉快。于是那位西欧的外交官不怀好意地当着多个国家外交官的面问那位非洲大使："贵国的死亡率想必不低吧？"

话音一落，许多发展中国家的大使都不禁紧紧为那位非洲大使捏了一把汗，然而，正当那位西欧的外交官窃喜时，那位民族自尊心遭受伤害的非洲大使却面不改色。他稍微思索了一下，冷冷地说道："我们的国家和你们的国家一样，每人死一次！"

这个回答巧妙而有力，说明了弱小的国家和他们一样，国与国之间都是平等的。那位西欧外交官一脸尴尬，盛气凌人的傲气也顿然消失了。

<<< 技巧点睛

有时在辩论当中碰到不怀好意的提问时，我们不妨以退为进，退一步来思考问题，不要拘泥于这个令自己尴尬的问题。在唇枪舌剑的交锋之中，不要一味地强攻疾进，就像打出拳头之前要先收回拳头一样，而收回拳头是为了更好地回击对手。所以，适当地退却有时候还会有意想不到的收获，把握以退为进的时机和方式，你就可以控制主动权。那么，要想在与别人的激辩当中出其不意地战胜对方，我们该怎样做呢？

● **不要"硬碰硬"，可以答非所问**

在与别人的激辩当中，不要刻意地去硬碰硬，我们可以换一个话题，不去正面回答别人的问题，答非所问。当我们碰到一些不能正面回答的问题时，一定不要急于作正面的反击，而应该稍稍改变，竭力避开对方的优势，趁势抓住对方的漏洞，再不动声色地予以反击。只要能够抓住对方薄弱的环节，就可以做到克敌制胜。比如，在问答当中，他问东，我们可以回答东南之类的等。

● **注意辩论当中的逻辑性**

我们说话要注意分寸，同样在辩论当中，出其不意之时更是要注意自己语言的逻辑性，不要自己抓不到对方的小辫子，反而让对方抓住自己的小辫子。

不管是运用针锋相对的辩论,还是运用幽默的手法,都需要我们有很强的逻辑性。如果没有严密的逻辑性,我们就会常常在辩论当中陷入对手为我们设置的陷阱,而受制于人。所以,在辩论的时候,要随机应变,不要被对方犀利的言辞所震慑,认真去推敲对方所说的每一句话,然后找到破绽。同时自己说话的时候,也要尽量严谨一些。不要用过于绝对的词语,也不要说有漏洞的话。

● 无论如何也不要慌张

很多人在被对方逼到死角的时候,往往会慌乱,不知所措,这是最容易犯错误的时候,一不小心就要被对方痛打落水狗。所以,不管对方的攻势多么激烈,一定要稳住军心,不要慌乱,认真在对方的论点、论据里找缺陷。你的冷静,本身就是对对方的一种震慑。对方希望你慌不择路,掉入他们的陷阱,如果你不乱,他们内心就会慌乱。所以,辩论看起来是言语之间的斗争,事实上是双方心理上的较量。要想不输给对方,那么无论在任何情况下都不要慌乱,都要镇定自如。

借题发挥,借势打破僵局

<<< 口才实例

一位语文教师,其弟因民事纠纷,别人要与之对簿公堂,这桩案子恰好由这位老师昔日的学生审理。一天晚上,这位老师前往学生家,希望他能念师生情谊,将"手腕"向他弟弟这边扳一扳。

当这位老师说明来意的时候,法官一时竟不知该如何去回答。一时气氛显得有点儿尴尬,一面是法律的尊严,而另一面是恩师。

法官稍微顿了一顿说:"老师,您还记得给我上的《葫芦僧判断葫芦案》

第16章 巧妙对答赢得辩论：针锋相对、巧言震摄人心

那一课吗？至今我还记忆犹新呢。"

语文老师很快就进入了角色："是啊，那篇课文我不仅用嘴在讲，简直用心在讲。薛蟠犯了人命案却逍遥法外，反映了封建官僚官官相护、狼狈为奸的黑暗现实。"

"是啊，护官符使冯家告了一年的状，竟无人做主，凶犯薛蟠居然逍遥法外……贾雨村徇情枉法，胡乱判案。"法官感叹地说："记得当年老师您讲授完这一课后，告诫学生们，以后谁做了法官，不要做糊涂官判糊涂案，学生一直以您这句话作为自己的座右铭呢。"

这位语文老师本来已设计好了一大套说辞，但听了学生的一席话，再也不好意思开口了，自动放弃了不合理的请求。

<<< 技巧点睛

有人老是抱怨自己不能被别人理解，常常因为一句话而被别人责怪，其实这也是一种不会说话的表现。在与别人的辩论之中，我们常常会被别人抓住话柄，借以攻击，令自己陷入尴尬的局面。这就需要我们在与别人的辩论之中，善于借题发挥，以此来打破僵局化解自己的危机。借题，要借得巧妙，发挥，要发挥得有理有据，才能使自己在与别人的激辩中游刃有余。那么，在辩论中我们如何娴熟地运用好这种方法呢？

● 巧以无理对无理

"以谬制谬，以毒攻毒"，我们在与别人激辩的时候，有时可以以无理对无理的方式来打破自己所遭遇的僵局。以无理对无理并不是要我们去破口大骂，那样会被别人视为没有礼貌、没有教养，也会被人瞧不起，反而会引起不好的效果。在与别人激辩的时候，我们的目的是打破自己所遭遇的尴尬局面。面对别人的诘难，我们常常会有很气愤的感觉，但我们不能将自己的情绪表现出来。相反，我们可以巧妙地找到一个突破点，用反诘的口吻来表达自己的情绪，或者用自嘲的方法来使对方自讨没趣，那样我们的目的也就达到了。

● 善于观察

洞察对方的荒谬论点,看其论点是否真实,其论据是否能支持论点,推理过程是否符合逻辑,从中找出对方的漏洞。也就是善于揪住对方的小辫子,就可以把对方的荒谬论点夸大,使其暴露得更为明显,甚至于吹毛求疵,找到对方语言之中的矛盾来攻击,以达到反驳的目的。这就需要我们在与别人辩论时要有敏锐的观察力,善于从我们自己所遭遇的境地中间找到这个"题",再借以发挥,或者自己制造一种假象,顺着对方的思维将对方引诱至自己所设的"圈套"之中。善于观察,从不同的角度去观察问题,你就会发现有不同的解决方法,可以从不同的角度来打破僵局。善于转移话题,转移别人对你尴尬局面的关注,从这个角度说不圆的理由,从别的角度来阐述,或许就可以转移你的尴尬。

● 要有一点黑色幽默

一次,在两个人的辩论中,甲形容乙说的话像狗屎一样臭,世界上没有比这个更臭的了。这让乙非常尴尬,顿时涨红了脸。但是乙随即答道:"先生,你的这个观点我是不同意的,因为据我所知,比狗屎还要臭的是猪粪。"这下轮到甲脸红了,因为听众都知道,甲曾经当过猪倌。借题发挥,我们也需要一点黑色幽默,这样的效果要比直接去讽刺对方要好得多。因为在这样的黑色幽默中,可以让对方自己去体味其中更深层次的意味,而让别人的注意力从你的身上转移到对方的身上。

第17章
不逞口舌之利：
语言秉持礼貌和理解

  在生活中我们都要学会服软，学会说软话。这个世界很大，我们要知道"天外有天，人上有人。"是人总会有求人的时候，不要觉得自己永远天下第一。所以，该低头时就低头，本来每个人都不是万能的，不管是年轻人还是老年人，他们都有自己的弱点和缺陷。每个人都需要别人的帮助，需要别人的理解与支持，所以不要把头抬得太高而忘了自己脚下的路。

学会示弱,硬碰硬并不是好计策

<<< 口才实例

小林毕业后进入一家小公司实习,经理为了考验小林的实际工作能力,就让他写一份策划报告。当小林做好策划报告拿去给经理看时,经理却只是摇摇头说了一句:"再改改吧。"小林当时很纳闷,可又不好意思再多问就走出了经理办公室,刚一出门就碰到了这家公司的元老级人物——谢主管。

谢主管就笑着问:"小林,是不是策划没有被通过呀?要不要我帮帮你?"小林没好气地来了一句:"就你,还是算了吧!"就头也不回地走了,此后好几次小林把改好的策划报告拿去给经理看,但都被经理否决了。小林越发郁闷,这时候他想到了谢主管。

小林来到谢主管的办公室门口,犹豫了半天,还是敲了门。进去后,谢主管一看是小林就冷冰冰地说了一句:"林大学士,找我有何贵干呀?"小林一听,心想现在自己有事求人家,怎么也得说点软话吧。

于是小林就笑着说:"谢主管,您看您现在也是我们公司的老前辈了,在策划这方面又是把好手,你就帮我看看我的这几份策划报告吧,帮我指点指点迷津。"谢主管听完后不屑地笑了笑,说:"你可是名牌大学的毕业生呀,像我们这种没什么学历背景的怎么能和你比呀?更别提指点了,不敢当呀!"小林听后心里很不是滋味,但停了一会儿还是开口说:"谢主管,我知道您虽然学历不是很高,但在实践方面你可要比我们这些刚出茅庐的傻小子强很多呀,你老人家就帮帮我吧,你现在就是我师傅,师傅在上,请受徒儿一拜!"说着小林还深深地向谢主管鞠了一躬。

经过谢主管的一番指点,小林的策划报告终于被经理批准了。

第17章 不逞口舌之利：语言秉持礼貌和理解

<<< 技巧点睛

不论是在职场还是在生活中我们都要学会服软，学会说软话。这个世界很大，不要觉得自己拿了名牌大学的文凭就可以只身闯天下，永远不要忘了知识来源于实践，那些书本上的知识也需要在实践中不断地得到完善。遇到自己不能独自完成的工作时要学会向资深人士请教，而在请教中也要注重方法，说服软的话是必需的，可是也要把握尺度，不然服软的请教就会变成献媚。在现实生活中，我们在说服软的话时应该注意些什么呢？

● **要分清场合**

说话一定要分清场合，尤其是说服软的话。不同的场合相同的话也会带来不同的寓意。如果你的能力确实不如别人，这件工作你确实胜任不了，你需要他的帮助，这时候你就需要服软，也许他的学历没有你高，但他的能力要比你强。这时候你就要说："前辈，你的资历要比我深，工作能力要比我强，你帮我指导指导！"可是如果这句话不是在办公场合说的，而是在娱乐场所或者宴会上，就会让人觉得你是在讽刺、挖苦对方。

所以，说服软的话也一定要分清场合，不要自己觉得是在向别人讨教，而在别人看来却是在讽刺挖苦。

● **要摆正心态**

不要觉得向别人说一些服软的话就是在降低自己，所以在说服软的话时一定要摆正自己的心态。

现在的职场越来越多地被年轻人占据，刚刚毕业的大学生初次进入职场总想着大展宏图，觉得自己是大学本科学历，眼里容不下那些没有什么学历只会埋头苦干的人。可事实上他们却忘了最重要的一点，那就是知识来源于实践。就因为这些所以很多刚步入职场的大学生就觉得向那些没有什么学历的同事说服软的话是在降低自己。

事实上并非如此，学会说服软的话也是一种能力。只要你自己摆正心态，

服软反而会让你受益匪浅!

● 要注重口吻

我们都知道,不同的话用不同的口吻说出来,就会有不同的寓意。在当今职场上大家都处在相同的竞争环境中,每个人都是敏感而脆弱的,所以我们在向别人说服软的话时一定要注意自己说话的口气。如果你需要一位一直都不如你的人帮助的时候,你就要用请求的口吻说:"你可以帮帮我吗?"如果你在说这句话的时候用的是一种冷冰冰的口气,那个人就会觉得你是在命令他,而不是征求他的同意。

所以,不论是在生活中还是在职场上,在说服软的话的时候一定要注意自己的口吻,不要因为自己小小的疏忽而错失机会!

多点耐心,心急吃不了热豆腐

<<< 口才实例

小王是一家外贸公司的广告策划,一天老板给了他一份广告提案,要他做一份报表,而且特别交代他这件事情只有他们两个人知道。小王上网查资料熬了好几个通宵才完成报表,过了几天当他把报表送去给老板的时候却发现老板的桌上也放着一份相同的报表。小王很纳闷,可是又不好意思直接问老板,所以把报表放下他就从办公室出来了。

可是这件事小王越想越觉得奇怪,他很想弄明白到底是怎么一回事。可他又不好意思直接去问老板,所以他就想到了老板的助理张小姐。想到这儿,小王就匆匆去了张助理的办公室。他一进门就对张助理说:"张姐,老板不是就让我一个人做那份报表吗?怎么我今天去送报表的时候,老板桌子上也放着一份和我的一模一样的报表呀?"张助理抬起头愣了愣,然后冷冷地说了一句:

第 17 章　不逞口舌之利：语言秉持礼貌和理解

"你问我，我问谁呀？"小王又脱口而出："你怎么会不知道，这些文件不是一直由你在整理吗？"张助理听后白了小王一眼说："我说不知道就不知道！"小王看张助理好像生气了，也就不好意思再追问什么了。

<<< 技巧点睛

其实生活中像这样的事情很多，也许张助理知道事情的原委，可是像小王那样心急地逼问，谁都没有心情再告诉他事情的真相。不论是在生活中还是在工作中，当我们遇到问题要向别人询问时，一定要沉稳，所谓心急吃不了热豆腐。如果你在询问时一味地强调自己的来意，而忽略了对方的感受，那你又怎么会得到自己想要的结果呢？不论是请求别人帮助还是咨询别人问题都一定要注意自己的语气，注意自己的思维方式，不要把别人逼到死角。自己要把握好情绪，那么在实际操作中，我们应该怎么做呢？

● **遇事要沉得住气**

生活中有很多挫折与失败，不要每次面对这些的时候就暴躁、冲动、埋怨。同样在职场上，要询问别人问题或需要别人帮助的时候，说话一定要讲究方式方法。如果你需要别人帮你弄清楚某些事情，你可以这样说："请问，您知不知道×××是怎么一回事呀？"如果你一收到坏消息就急匆匆地跑去对那个人说："这件事情一直是你在操办，这到底是怎么回事？"这样的口吻和语气任谁听到后也会生气。所以遇到事情的时候一定要先沉住气，多思考该怎么说，多想想怎样说对方更容易接受。

有时候你越是沉不住气，就越容易暴躁，越容易冲动，最后也就会发生"心急吃不了热豆腐"的闹剧。

● **站在对方的立场考虑问题**

我们每个人都是感性动物，尤其在碰到一些涉及自己的利益问题的时候，人都会想到自己。所以在生活中遇到问题需要别人帮助的时候总是从自我意识出发，询问别人的时候一张口就是"你怎么会不知道？""你怎么能不知道？"

而他们恰恰忽略了对话和询问是两个人的事,不是自我模拟。

所以在对话的时候就会出现事与愿违的情形,自己越是想急切地知道结果,说话时就越是突出自我,而忽略别人的感受。在实践生活中沟通需要技术,在你和别人对话的时候多想想别人,多站在别人的立场上考虑问题,用一种对方能够接受的方式来沟通,就一定会事半功倍。

● **学会释怀和放弃**

每个人都不是万能的,俗话说得好:"取其长补其短。"不错,我们每个人都需要别人的帮助,需要别人的理解与支持,所以不管是帮助别人还是被别人帮助都要学会释怀和放弃。在你询问别人的时候,别人没有给你想要的答案,那也许是他真的不知道,不要对此耿耿于怀,要学会释怀。在公司你需要别人的帮助,在你去请求他的时候,你连续问了好几个"可不可以?"而对方都只是摇头,这时候你不要再一味地追问"为什么?"每个人都有自己的意愿,不是谁都会满足你的要求。在这种时候如果你紧咬着不放,反而让对方觉得厌烦。

在适当的时候学会放弃,在合适的时候学会释怀,既是一门技术也是一种能力,不要对那些拒绝你的人一遍又一遍地逼问,那样只会事与愿违。

动之以情晓之以理,自能服人

<<< 口才实例

小张今年刚刚 20 岁,可是在他身上却发生了很多悲惨的故事。小张 15 岁的时候正在上初三,他的父亲在工地上不小心被掉下来的水泥板砸伤了腿。从此小张家的顶梁柱倒了,家里再也没有能力供他上学,他不得不辍学。

辍学后,小张就开始帮别人干一些零活,再加上小张妈妈帮别人缝补衣服,

第 17 章　不逞口舌之利：语言秉持礼貌和理解

家里也勉强可以度日。就这样过了五六年，小张也长成了大小伙，能帮家里挣更多的钱了。可是天公不作美，小张的妈妈被检查出患了白血病，一下子整个家庭又被笼罩在了悲伤和绝望中。这时候小张听说他父亲曾经干活的那个工地的老板现在发了大财，于是小张就想去找找这位老板，希望他能看在父亲为他干了那么多年活的分上帮帮他们。

小张找到那位老板的住处，可是不管小张怎么说老板都说不认识他父亲。无奈之下，小张拿出了老板曾经送给他父亲的一条毛巾，然后对老板说："您还记得，您刚开始承包工程的时候，找不到助手，别人不是偷工减料就是虚报账目，无奈之下，您请求我爸帮你。当时我父亲毫不犹豫地就答应了，我父亲说因为你们是好朋友、好兄弟，后来我父亲帮你跑材料算账目，现在你生意做大了，而我父亲也因为您……"那位老板打断了小张的话，小张抬头发现他已经泪流满面。

<<< 技巧点睛

现在的生活节奏越来越快，人们更多地追逐金钱名利，而感情却越来越被人们所淡忘。不管是在生活中还是在职场上，也不论是你帮助别人还是别人帮助你，都需要一种合适的方法来打动对方。所以我们要把被人们遗忘的那份真情找回来，动之以情，晓之以理。只有这样才能使我们在向别人请求帮助的时候获得可喜的结果。那么在对别人动之以情、晓之以理的过程中，应该注意些什么呢？

● 学会尊重对方

每个人从青年到老年都会有很多的故事，有些故事也许对于他来说是美好的，但有些故事也可能是他这一辈子都不愿再提起的记忆。那属于他的隐私，他不想也不愿意被别人去一次又一次撕开那些尘封已久的伤疤。所以在我们请求别人帮助的时候，想用真情打动别人的时候一定要记住不要去揭别人的伤疤。

就像朱元璋刚登基做了皇帝，和他从小一起玩到大的拜把子好兄弟来投靠

他。可当这位好兄弟见到朱元璋后开口说的第一句话居然是"大哥，你还记得我们在别人地里偷红薯的事吗？"朱元璋一听满脸的不悦。是呀，当了皇帝的朱元璋怎么愿意让别人知道自己曾经干过那些偷鸡摸狗的事呢？所以结果可想而知，朱元璋命人把那个人赶出了皇宫。

所以在对别人有所求时，也要记得学会尊重对方，不要去揭对方的短，只有这样才能真正收到动之以情、晓之以理的良好效果。

● **适度而为之**

不管是真情还是假话，都要有一定的度，超出了这个度，一切也就违背了最初的意义。感情是个很微妙的东西，它更需要把握一个度，在你想用真情来打动对方，请求别人帮助的时候，不要一味地诉说你们之间的点点滴滴，大到你为他赴汤蹈火，小到你为他做饭洗衣。其实这种"诉真情"不是真的诉真情，反而让对方觉得你是在邀功，这样也就歪曲了你原来的本意。

在用真情打动对方的时候，要学会适可而止，要让对方有机会喘息。交流是互动的，双方都需要思考，你在诉说的时候也要给对方留下思考的时间，这样才能真正地打动对方，也才会真正实现动之以情、晓之以理的目的。

● **用真情**

有很多人喜欢利用别人的弱点来达到自己的目的，而恰好很多人最致命的弱点就是太重感情。所以有些人就在请求别人帮助的时候，胡乱编造一些故事来博取别人的同情。像有些人为了向别人借钱，就说自己家里多么贫寒，父母重病有多么厉害，弟弟妹妹辍学等一系列事情来欺骗对方。这种方式是不可取的，只有真情才能真正地打动对方，用那些编造的谎言换来的也只会是昙花一现的泡沫。

所以在对别人动之以情、晓之以理的时候一定要记住用真感情，只有真实的东西才是最能打动人的。

第17章 不逞口舌之利：语言秉持礼貌和理解

把握时机，顺水推舟说服他人

<<< 口才实例

王华英是大学的一名政治老师，所以有时候她的课堂上也充满着一些时政热点。她的教学幽默风趣、讲解独到，常常使其他班的学生放弃上专业课，而偷偷地来听她的政治课。

一次王老师走进教室准备讲课时，却看到学生正在对昨晚的女排比赛议论纷纷。

面对这种情况，王老师并没有命令学生们停止议论，而是兴致勃勃地加入了讨论，谈起了自己的感想。两三分钟后同学们都静下心来听老师独到的讲解时，她却巧妙地将话锋一转。

"中国女排的胜利为中国人争得了荣誉，它证明了中国人的伟大，但是中国在科学、经济上还不够发达。我们也要有中国女排的这种拼搏精神，在科学和经济建设方面都要努力迎头赶上欧美国家。因此从现在开始，我们就得好好抓紧每一次的学习机会，认真学习每一堂课。"

<<< 技巧点睛

王老师真的不愧为一名大学的政治老师，凭借多年的教学经验顺水推舟，顺着学生们强烈的爱国热情一推，顺势就当前中国的实际情况进行讲解，再将学生们的热情与现实绑在一起，不仅很快恢复了课堂教学秩序，还借中国女排的胜利激励学生努力学习，起到了很好的教学效果。时机不是随时随地等待我们去掌握，而是在我们不经意间就会出现的。所以我们要把握时机，不能让它从我们身边轻而易举地失去。那么面对稍纵即逝的时机我们怎样去把握它，又

怎样去利用它呢？

● **等待时机**

时机不同于机会，是可遇而不可求的。面对一件事情的时候，对于机会我们经常这样说："不管有没有机会都要做，有机会就把握住每一次机会，没有机会我们就创造机会去做。"比如，两个人谈恋爱，整天都忙于工作没有机会见面，于是就创造机会去见面。

然而，时机就像缘分一样。不是没有见面的机会，而是两个人的缘分没到。面对那种可遇而不可求的时机，我们只能是等待。

● **瞬时把握时机，顺势才能解围**

"机不可失，时不再来"，说的就是在时机面前要我们把握住，时机不可失去，一旦失去了便不再有了。时机的出现是瞬时性的，只有把握住了这样的瞬时时机，才能为我所用。就像案例当中的王老师眼前的大好时机一样，这样的时机可能就出现这一回。王老师如果不利用这次天赐的良机，而是运用命令式的语言进行表达，虽然也可达到使学生们停止议论、保持课堂安静的目的，但她无法让学生的思维从女排比赛中走出来。

生活中那些瞬时出现的时机太多了，要看我们怎么把握，利用时机给自己解围，给自己铺垫下台或者是进一步升迁的台阶。只有在一瞬间把握了时机，才能顺势利用这次时机来为我所用。

● **顺势即兴表演为自己获得成功**

面对那些意想不到出现的时机，既让我们感到意外和紧张，又让我们恐惧和惊喜。在职场上，有时候一个突如其来的时机出现在你面前，要是你觉得紧张而没有好好把握，你就会因此而得不到升迁。你一旦抓住了这样绝好的机会，再来一个借题发挥，即兴表演一番，进而顺势而下夺取胜利，就能显示出你的机智和聪慧来。在你看来只是小事一桩，但也许就是你对小事一桩的借题发挥和即兴表演就会被领导所看中，那么你离成功的道路就已经不

第 17 章　不逞口舌之利：语言秉持礼貌和理解

远了。

因此，生活中那些突发事件或许就是你取得成功的大好时机，你只有巧借其势，用巧妙的语言形式，自然地加以即兴表演，才能达到扭转局势的目的。

恰当地恭维对方，满足其虚荣心

<<< 口才实例

有两个钓鱼高手经常在一起比赛钓鱼，这天他们俩又相约去垂钓。结果两个人还跟往常一样各凭本事、大展身手，一会儿工夫都钓了好多鱼。

他们的钓鱼比赛引来了好多游客争相观看。游客们看到这两位高手很轻松地就把鱼钓了上来，都十分羡慕。于是就有人去买了垂钓工具也想试试手气，没想到那些不懂钓鱼的游客竟一条鱼也钓不上来。

两位钓鱼高手，一人性格孤僻不爱搭理别人，专心钓自己的鱼。而另一位却是个热心肠的人。那位热心肠的高手看到游客钓不上鱼很焦急，就对他们说："这样吧，我来教你们钓鱼。如果你们学会了我传授的诀窍而钓到一大堆鱼时，每十条就分给我一条，不满十条就不必给我。"

双方都很乐意地接受了这样的提法。

就这样，一天下来那位热心肠的高手一直忙于给别人传授钓鱼的方法，竟获得了满满的一大篓鱼。而那些学习钓鱼的游客，左一声"师傅"，右一声"老师"地叫得那热心肠高手的心暖洋洋的。

当大家都围绕着热心肠的高手学习钓鱼时，那位性格孤僻的高手显得更加孤单寂寞。一天下来，才发现自己努力专心钓到的鱼还是没有同伴钓到得多。

<<< 技巧点睛

善于观察需要一个人敏锐的观察力和超然的洞察力。有时候通过细心观察，我们会得到意想不到的收获，也可以为自己的成功寻找一块垫脚石。故事当中热心肠的垂钓高手就是因为通过观察周围的情况，才使他获得了别人恭维的机会，也使别人给了他这个"授人以渔"的机会。

要想使自己的事业稳操胜券，在生活中就要学会寻找通向成功的道路。寻找成功的机会，就得有敏锐的洞察生活的能力，有时候这种机会还需要自己去创造。那么，我们怎样才能寻找到通往成功路上的那块垫脚石呢？

● 适时地恭维，才能获得对方的认可

在人与人正常的交往当中有一种礼仪叫作恭维。恭维不是我们去拍别人的马屁，也不是与别人去套近乎，更不是去故意贿赂别人。生活告诉我们，在与人交往的时候需要恭维别人，而这种恭维只是适时地恭维。

一个人要是不去学着恭维别人，那他的生活交际圈子就会越来越小。只有学会了适时地恭维对方，对方才对你有感觉，才能注意到你的存在。所以，要学会恭维别人，只有你先发制人，适时地恭维了对方，你才可以得到对方的欣赏并得到对方的帮助。

● 满足对方就是满足了自己

"给你五个苹果，你一个人吃了只有一种口福。当你把这五个苹果分给五个人吃的时候，你就会得到五种口福，甚至得到五位朋友。"生活的确如此，当你一个人满足了的时候，就会觉得孤独。当你满足了别人时，你首先在自己的心里就获得了一种满足。

给别人一个苹果，既显示了自己热心、大度，还得到了别人的认可。这样做我们既在心理上获得了满足，又在现实中获得了朋友，这本身难道不是一种满足吗？

● 有付出就有回报

在我们的生活当中"礼下于人必有所图"的现象常有之，而还有一种与之

第17章 不逞口舌之利：语言秉持礼貌和理解

对应的现象，那就是"不求回报，只图付出"。一个道德高尚的人，无论在何时首先想到的总是别人。"雷锋"的付出是不需要回报的，但事实上现实还是回报了他。

也就是说，只要有付出就会有回报的。当你恭维了别人，满足了对方的一个需求，哪怕只是满足了对方的一点虚荣心，你给他的形象总是好的，他就觉得欠了你一个人情，便始终找机会还你这个人情，那时候你也就自然而然地得到了回报。而当你有求于人的时候，你要是不去恭维他，他就会觉得你这个人比较高傲，看不起他对你的帮助，所以他也就不会很顺利地帮助你了。

第18章
面试表达技巧：
几句妙语获得考官青睐

面试求职，你是否能给面试官留下很重要的印象，获得面试官的青睐，言语表达显得尤为重要。在短暂激烈的面试当中，放松心情，充满自信，抓住面试官的心理，进行言辞的流利表达，才能从众多的面试者当中脱颖而出。所以，要适时地抓住机会，巧妙流利地来表达自己的意愿，以独具一格的言辞委婉地来表达自己的想法。

第18章 面试表达技巧：几句妙语获得考官青睐

考官面前，说话不卑不亢

<<< 口才实例

大学毕业后，同学们都在忙着找工作。张宏宇也不例外，四处忙着张罗。一次他在一个招聘会上看到了一个很有名的企业，而且对方招聘的要求自己基本上都符合，投了简历之后，张宏宇耐心地等待着。

第二天，张宏宇接到人力资源部的电话，要他前去参加面试。怀着非常激动的心情，张宏宇走进了人力资源部的办公室。面试官是一位40岁左右的女人，看起来非常严肃。张宏宇顿时心里咯噔一下，心开始扑通扑通地直跳。面试官问的问题都很刁钻古怪，很多面试者直接被赶出了面试厅，一点面子也不留。

轮到面试张宏宇了，对方没有说什么话，只是两只眼睛盯着他看。在对方强大的气势下，张宏宇吓得大气都不敢出，说话的时候声音特别小。这时候，对方生气地说："你是男生吗？怎么说起话来没有底气，早上没吃饭吗？"对方的一席话，更是让张宏宇不知所措，恨不得立即逃离。

接着对方一连串的问题，问得张宏宇只有招架之力，没有还手之功。由于对方的企业实在是太好了，张宏宇一心想着面试成功，所以面对面试官的百般刁难和羞辱，采取了忍气吞声的策略。

面试结束后，录取者的名单中并没有张宏宇的名字。原来这是面试官故意设置的一道考题，主要考察应聘者能否轻松应对客户的责骂，又不至于损害公司的形象和荣誉。结果张宏宇小心翼翼，让面试官看到录用他会损害公司的形象和荣誉。所以，他理所当然地被淘汰出局了。

<<< 技巧点睛

事实上，很多时候，你越想得到的东西越是得不到。之所以如此，是因为你想得到，就会千方百计地降低自己的门槛，可是降低了门槛就失去了自我，或许对方需要的就是你的不卑不亢。工作上也是如此，在我们想方设法想要得到的时候，却因为太想得到而失去了自我，失去了得到的机会。所以，面对人事主管的时候，要有独立的自我，不要试图讨好对方而点头哈腰，或者奴颜婢膝。你想要得到这份工作，是因为你有这个工作能力，而不是因为别人的可怜和照顾。面对人事主管，要不卑不亢。那么，在面试的时候，如何才能做到不卑不亢呢？

● 要有正确的认识

工作是通过自己的劳动获得一份报酬，那么完全凭借的是自己的实力。所以对找工作要有正确的认识，大可不必为此而感觉到不好意思，也不要感觉到低人一等。对方为你发工资，你为别人付出劳动，这是公平交易。尽管很大程度上决定权在于公司，但是在人格上，你和任何人都是平等的。只要内心有了这样一个想法，就会理直气壮，不卑不亢。不管对方是公司的大老板，还是总裁、董事长，只要是通过正当的劳动获得合法的收入，任何人之间都是平等的。从这个层面上讲，对找工作的认识是面对人事主管不卑不亢的前提。

● 表现要淡然一些

在找工作的过程中，有些单位和公司实在是太好了，不管是待遇还是福利都是其他企业望尘莫及的，于是一些人就会想尽一切办法也要挤进去。要是能获得面试的机会，更加激动不已。就是这种兴奋的心情会让你对此寄予过大的希望，在面试中总是想让面试官多了解，给面试官留下更好的印象。所以，很多时候，面试官要求你怎么做，你就怎么做。面试官嘲笑讥讽你，你也忍气吞声，不敢作声。这样一来，在面试官和你之间已经不是平等的关系。既然双方的位置不平等，也就不可能有平等的交流。所以，在面试当中，

第 18 章　面试表达技巧：几句妙语获得考官青睐

尽量表现得淡然一些。不要过度地为了迎合面试官而丢掉自己的尊严和人格，否则你会丢掉这份工作。

● **展现真实的自我**

很多人在面试中，尽量展现自己的优点，想把自己表现得更加完美。但是殊不知，没有人是十全十美的，过于完美的人很容易给人一种假惺惺的感觉。面试官也不希望你过于完美，因为人有缺点才能真实地展现自我。所以，在面试的时候，不妨放松一些，适当地暴露一些自己的缺点。让面试官感受到你是一个有血有肉的人，觉得你是真实的。事实上，这也是面试官最愿意看到的。所以，完全没有必要为了展现完美的自我而画蛇添足，否则机会可能就从你的身边溜走了。

尽量放轻松，让声音平静流畅

<<< 口才实例

邓玉贤大学毕业已经有两年的时间了，在这两年内，她找了很多份工作。但是都很不顺利，这让她多少有些灰心。

这天，她在招聘现场看到了有一家不错的房地产公司在招文秘，于是递了一份简历。事实上她并没有抱多大的希望，对于资质平平的她来说，能被一家大型房地产公司相中的概率几乎为零。可是第二天，邓玉贤意外地接到了房地产公司面试的电话，这让邓玉贤激动不已。如果真能进到这家企业，那将意味着有稳定的收入，生活会改善很多。

很快到了面试的时间，邓玉贤早早地来到了面试现场。事实上参加面试的只有三个人。在面试中，面试官问的问题非常刁钻，这让邓玉贤回答起来非常困难。但是基于之前的经验，邓玉贤并没有因此而慌乱，而是沉着冷静地做了

回答。

就在面试完的第二天,她接到了上班的通知,成为那家房地产公司的一名正式员工。谈起这次面试成功的经验,邓玉贤笑了笑说:"其实我比任何一个人都渴望得到这份工作,但是我深知,强烈的欲望会让我紧张,于是我对自己说'即使不被录用,也没有关系,生活还得继续。'"事实上,就是邓玉贤的这种淡然心态,让她非常放松,才得到了这份梦寐以求的好工作。

<<< 技巧点睛

我们不得不承认这样一个事实,那就是一个人一紧张,就会结结巴巴,言不及义,胡言乱语,语言失去逻辑性。尤其在面试的时候,只要一紧张,就会有各种不好的心理暗示。在这种糟糕的心理暗示下,往往会把一个很有希望的面试弄得一团糟。所以,在面试的时候,要淡然一些,不要有过于强烈的欲望。要想被对方相中,至少要在面试的时候给别人留下美好的印象。所以,放轻松一些,没有过多的心理压力,你的表达就会流畅很多。那么,在面试中,如何让自己的表达更加流利一些呢?

● **设计一个好的开场白**

有些时候,当你说话的时候,有了一个良好的开场白,接下来的话就会越说越流畅。每个人内心之中都有对自我的评价。当你的开场白不好的时候,你在内心深处就会否定自己,觉得自己一定很失败,在这样的心理暗示下,你的发言就会越来越糟糕。所以,要给自己设计一个良好的开场白。在这个良好的开端的引导下,自我欣赏,在这种良性的心理诱导下,将自己所要表达的意思淋漓尽致地表达出来。所以,从这个角度上看,是否有一个好的开场白直接关系到一场面试能否成功。

● **最大限度地放松心情**

有时候,越想表达好,越是表达不好。所以,在面试的时候,要最大限度地放松自己的心情。把和面试官的谈话当作和朋友交流一样,这样你就不会有

第 18 章　面试表达技巧：几句妙语获得考官青睐

过多的心理压力，就不会因为紧张而乱了逻辑。在面试之前听一段舒缓的音乐，让自己的心情尽量平静下来。如果感觉紧张有压力，就做几个深呼吸，或者想一些开心的事情。一个人开心的时候是不会紧张的。在面试中，如果紧张，要赶快对自己进行积极的心理暗示，避免这种紧张的心情蔓延下去。总之，想尽一切办法，让自己在面试前、面试中都保持一颗平静的心，这样才能获得你想要的结果。

● **不要因为犯错而内疚**

在面试的过程中难免会犯错误，一旦出了问题，就会在问题上耿耿于怀，这样会分散你的注意力，更会影响你的心情。这样一来，势必影响整个面试进程。所以，当你不小心犯了错误时，比如做错了一道题，说错了一句话，大可不必为此而惋惜。如果其余部分表现良好，一样可以弥补这个过失。一条胳膊折了，没必要丢掉性命。所以，不要因为自己一时犯的小错误而内疚，要对整个面试过程有个良好的期待。在积极的心理暗示之下，迅速将自己的状态调整到最佳。这样你才不会紧张，才会轻松地对答如流。

自我介绍要详略得当，突出重点

<<< 口才实例

董扉大学毕业后，和其他同学一样忙着找工作。在一次招聘会上，她给一家钢铁企业投了简历。因为这家企业正在招聘一名工程师，而董扉学的就是工程设计，遗憾的是对方需要有 2~3 年的工作经验的工程师。尽管如此，董扉也并没有放弃，她觉得或许还有机会。

事实正如董扉所愿，在她投递完简历的第三天，她接到了那家钢铁企业的面试电话。做了充分的准备之后，董扉来到了面试现场。一看排着长队的面试

人群，董扉顿时没了底气。但是她很快发现，在这次面试的人群中，很大一部分都是和她一样刚刚走出校门的毕业生。

轮到董扉面试了，她镇定自如地走进了面试办公室。她把自己的基本情况简单地作了介绍，随后把学校的社会实践活动和实习工作作了详细的介绍。其间，她也认真地回答了面试官的提问。面试结束后，面试官破例走上前来和她握手告别。整场面试，董扉对自己的表现非常满意。

随后，董扉接到了钢铁企业上班的通知，正式成为这家钢铁企业的一名员工。

<<< 技巧点睛

在面试的时候，一般情况下都会让应聘者有一个自我介绍的环节。事实上，面试官除了在简历中了解一些基本的信息之外，还要通过自我介绍来了解应聘者说话办事的能力。所以，在自我介绍的时候，一定要详略得当，该说的说，不该说的不要说。需要作详细介绍的，一定不能一带而过，需要简略的不要说个没完没了。你要清楚你的哪部分信息是面试官最想知道的，那么不妨多说一些。在具体的面试中，到底如何才能做到详略得当呢？

● 对自己要有个全面的认识

在面试的时候，要想在介绍的时候做到详略得当，对自己就要有个全面的认识，知道自己的优势在哪里，也明白自己的不足在哪里。这样一来，在自我介绍的时候适当地多说一些你的优势所在。当然对缺点和不足也要适当地提及。没有哪个人是十全十美的，这一点面试官也是知道的。有些面试官对人的缺点和不足很感兴趣，那里为了更深入地了解你，所以在说缺点的时候要注意技巧。当然，相信他们更加注意你的优势所在。所以，在面试之前，要对自己有个全面的认识，在自我介绍的时候做到详略得当，给面试官留下一个清晰的印象。

● 说话的时候要富有逻辑

往往很多时候，面试官想知道的问题，应聘者没有回答，反而说了很多无

第 18 章　面试表达技巧：几句妙语获得考官青睐

用的话，或者是回答问题的时候，说话没有逻辑性，东拉西扯，让听的人一头雾水，这样就给面试官留下了极坏的印象。所以，在面试之前，在脑子中要多理一理，先说什么，后说什么。千万不要到时候一紧张，眉毛胡子一把抓，说得颠三倒四、答非所问。试想一个连话都说不明白的人，又怎么能把事情办好呢？所以，在说话的时候可以说慢一些，但是要说清楚、说明白，这样说出来的话才能达到预期的效果。面试官能否被你的精彩介绍所吸引，在很大程度上决定你是否能得到这份工作。

● **要对自己充满信心**

在做自我介绍的时候，要对自己有信心，要敢说话。很多前来面试的大学生，见到面试官后，非常拘谨，不敢说话。在自我介绍的时候，也是说一下姓名和年龄以及毕业院校等基本信息后就结束了。这给面试官一个错觉，觉得应聘者很不尊重他，因此对面试者抱有成见。所以，在面试的时候，对自己一定要有信心，要做充足的准备。在自我介绍的时候，要大声地把自己的优势和劣势说出来。面试官会被你的自信所吸引，没有人喜欢唯唯诺诺、连话都不敢说的人。

找准提问时机，掌握说话主动权

<<< 口才实例

小刚和小王是同班同学，也是非常要好的朋友。毕业后，他们俩一起去了招聘会，而且在同一家公司投了简历。第二天，他们两个人都接到了面试的通知。

两人结伴来到面试现场，面试官点了小刚的名字。小刚走进了面试办公室，回答了面试官的一些询问之后，小刚抓紧机会开始向面试官询问。在和面试官的交流当中，小刚了解到了企业的规模以及企业文化，明确了对方提供的待遇和晋升机会。在聊天中，小刚随和的性格和不俗的谈吐赢得了面试官的青睐。

之后，轮到了小王面试，面试官也对他进行了一番询问。遗憾的是，小王除了被动地回答了面试官的问题之外，就是傻乎乎地坐在一旁，大有一番任凭对方发落的姿态。直到最后，面试官问他："你还有什么问题要问吗？"小王木讷地说："没了。"最后，在面试官的邀请下离开了面试办公室。

<<< 技巧点睛

主动能赢得机会。尤其在面试的时候，你是否主动给面试官的感觉就是你是否用心。如果在面试的时候都不知道积极主动地询问相关的问题，那么在工作中也不会积极主动地去工作。一个被动的人是干不好工作的。所以，在面试的时候，你一定要对所应聘的岗位有足够的兴趣，要积极主动地去询问相关的事宜。这样在询问中不但尽可能多地了解了相关的信息，而且还间接地告诉了面试官你的态度。事实上，这个态度就是你对工作的态度。所以，在面试的时候，一定要积极主动地询问对方。那么，在提问的时候，要注意哪些问题呢？

● 要问值得提问的问题

在向面试官提问的时候，一定要抓住重点提问。如询问对方给予的薪水标准是多少？有什么福利？还有就是是否签合同？有保险吗？等等。这些问题是与面试官沟通中的关键，如果连这些基本的待遇问题都了解不清楚，那么就算对方聘用了你，你也不敢去上班。有的面试者在交谈的时候，抓不住重点，老是问一些没有实际意义的问题。如上下班有班车接送吗？或者是公司有女员工吗？这些与工作关系并不是很大，面试官也没有闲工夫来回答你。所以你问这样的问题只能让面试官觉得你很肤浅，你在浪费对方的时间，你对这个岗位并不了解，从而让你的形象大打折扣。

● 提问要适度，不可没完没了

向面试官提问也要适度，不可没完没了地提问下去，让面试官受不了。当然多提问能多了解，但是过多的提问会让对方心生厌恶。因为面试的人那么多，你过多的问题会浪费对方的时间。所以，热情表达要适度。在面试中也是这样

第 18 章 面试表达技巧：几句妙语获得考官青睐

的，不要把你对工作的满腔热情全部倾泻到面试官身上。面试官是和你谈待遇的，不是和你谈工作的。所以，在询问的时候，挑几个重点的问题询问就行了，千万不要打破砂锅问到底。

● 要注意提问的礼仪

在面试的时候，如果不注意基本的社交礼仪，惹怒了面试官，面试的成功率也就变成了零。所以，一定要注意社交的基本礼仪。比如进了面试办公室，如果没有得到面试官的允许是不能坐的，对方为你倒了水，要表示感谢。尤其在向对方提问题的时候，不要随便打断对方，如果对方解释得不清楚，要先说抱歉，然后再次询问。对方回答完了你的问题，要表示感谢。在提问的时候，要先征求对方的同意，等对方表示愿意回答你的问题之后再作询问。这样，让面试官受到足够的尊重，同时也能给对方留下好印象。因为你让对方觉得你是一个很有修养的人，你的人品会为你赢得机遇。

说话委婉含蓄，表达出内心的恳切

<<< 口才实例

婉君是个非常含蓄的女孩，同学们都很喜欢她。但是婉君却说，这样很不好，让别人觉得很累。事实上，她并没有说谎，她的善良使她总是害怕伤害别人，所以她只能含蓄地表达。如果遇上聪明的人自然能明白什么意思，但是遇上头脑反应慢一些的人，婉君就倒霉了。

就是婉君这个并不好的习性，却给她带来了机遇。

由于婉君是学中文的，所以毕业后的工作方向基本上就是出版社和报社以及杂志社，再就是做文秘。所以，婉君毕业后也主要去这些单位找工作。

尽管出版社并没有招聘的计划，但是总编辑还是接见了她。在和总编辑简

单地交谈之后,婉君说:"我什么也不会,不知总编辑是否能给我个向您学习的机会。"

总编辑笑了笑说:"你才华横溢,我们正需要像你这样的人,不过最近我们似乎并没有员工要休假。"

婉君:"那就让我来给您端茶倒水吧!"

总编辑笑着点了一下头。事实上,总编辑怎么能让一个中文系的学生为他端茶倒水呢?事实也是如此,婉君到出版社的第三天,就被安排到了编辑室。

<<< 技巧点睛

有些人喜欢直白一些,这样大家交流起来容易多了。但是有些人就是非常含蓄,需要用心来聆听。所以,在面试的时候,如果发现你的面试官说话非常含蓄,那么这时候你千万不要图爽快,也要委婉一些、含蓄一些,将话说得圆润一些。决定你能否得到工作的是面试官,而不是你。所以,把话说得含蓄一些,但是一定要言辞恳切,让对方得知你的心意。尤其是在对方询问薪资要求的时候,太直白了,会让面试官觉得你的眼里只有钱。这时候就要说得委婉一些。那么,到底怎么做才算合适呢?

● 多用一些虚词

在面试的时候,要尽量让面试官感觉到你很谦虚,很内敛,这样就会博得面试官的好感。在被问及一些敏感话题的时候,要多用一些虚词。比如"或许""大概""可能"等,用这些虚词表达你的不好意思,表达你很难为情。对方感受到你的这份谦虚和不好意思,自然就会满足你的要求。否则对方就显得有些不通人情,面试官也是人,不喜欢自己被定格为没有人情味儿。所以,用这种语言示弱的方式获得对方的谅解和理解,从而达到用直白话所不能达到的效果。

● 多用一些概数

除了向面试官含蓄地提问外,还要委婉地回答面试官的提问。比如有的面试官会问你:"你对薪水有什么要求啊?"这时候,如果你回答得高了,有可

第 18 章　面试表达技巧：几句妙语获得考官青睐

能直接被面试官淘汰，回答得低了，自己又很吃亏。这时候，不妨用概数来回答，比如 2000~3000 元。这样一来，既包括了 2000 元，也包括了 3000 元。事实上，公司所能提供的薪水待遇可能就在这个之间。这样，对方觉得你的薪水要求在能接受的范围之内。既表明了自己的薪水要求，也不会担心因为自己说得不合适而丢掉工作的机会。所以，多用一些概数来回答一些敏感问题是一种好办法。

● **学会说半句话**

有些时候，有些话不方便说得太明白，那么不妨把话说一半。如你向对方要求配置笔记本电脑，你可以这么说："工作业务量大，经常在外面跑，上网很不方便，能否……"一般人都能明白过来是什么意思。如果直接要求："太不方便了，给我配置电脑吧！"这样会让对方觉得你太理直气壮了。要是满足了你的要求，对方太没有面子。所以对方自然不会给你配置电脑，还会找各种理由来搪塞。如果用说一半话的方式，既向对方说明了要求，又表达了抱歉的意思。基于情况确实如此，对方满足你要求的概率会大大增加。所以，在面试的时候，不妨用说半句话的方式来向对方提要求。

参考文献

阳之行. 别输在不懂说话上：让你大受欢迎的说话技巧[M]. 北京：中国商业出版社，2017.